U0946655

丛书主编 /贺雪峰

湖北省学术著作出版专项资金资助项目

·中国现代农业治理研究丛书·

中农治村

传统农业村庄的权威与秩序

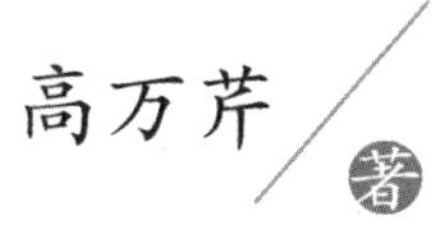

高万芹 著

本书以中西部地区一个农业型乡镇村级干部的类型和治理机制来说明农业税费改革以后传统农业型村庄的权威秩序。在人、财、物流出后资源匮乏的农业型村庄，一部分从事农业的中等收入群体在村民自治中发挥着主体的治理作用，“中农治村”逐渐成为一种较为普遍的村治类型。

華中科技大學出版社
http://www.hustp.com
中国·武汉

图书在版编目(CIP)数据

中农治村:传统农业村庄的权威与秩序/高万芹著. —武汉:华中科技大学出版社,2018.11(2019.9 重印)

(中国现代农业治理研究丛书)

ISBN 978-7-5680-4606-0

Ⅰ.①中…　Ⅱ.①高…　Ⅲ.①农村-群众自治-研究-中国　Ⅳ.①D638

中国版本图书馆 CIP 数据核字(2018)第 215299 号

中农治村:传统农业村庄的权威与秩序　　高万芹　著

Zhongnong Zhicun:Chuantong Nongye Cunzhuang de Quanwei yu Zhixu

策划编辑:易彩萍
责任编辑:易彩萍
封面设计:刘　卉
责任校对:曾　婷
责任监印:朱　玢

出版发行:华中科技大学出版社(中国·武汉)　　电话:(027)81321913
武汉市东湖新技术开发区华工科技园　　邮编:430223

录　　排:华中科技大学惠友文印中心
印　　刷:武汉市金港彩印有限公司
开　　本:710mm×1000mm　1/16
印　　张:15
字　　数:213 千字
版　　次:2019 年 9 月第 1 版第 2 次印刷
定　　价:98.00 元

华中出版

本书为国家社科基金青年项目“新乡贤参与农村社区治理的模式和路径研究(18CSH010)”的研究成果,并受湖北省教育厅人文社会科学研究青年项目“城镇化背景下农村地区的村干部接班人问题研究(18Q027)”支持。

前　言

中国正在经历剧烈的变迁，但由于经济发展水平、地理区位、资源基础等方面的差异，各个地方转型变迁的步伐并不一致，尤其是东、中、西部农村地区的差异十分明显。东、中、西部农村地区的差异不仅体现在经济发展水平上，还体现在因为经济发展水平差异所带来的社会基础差异、精英类型差异、治理诉求差异、治理资源差异、村庄传统变迁差异和体制创新差异等，而这一切导致了乡村治理类型的差异。理解这些差异对理解乡村治理实践的内在差异，因地制宜地制定乡村治理政策和进行制度创新来说具有十分重要的意义。

这些年，笔者在不同地区的田野调查过程中也发现，不同地区存在不同的乡村治理主体类型和治理实践，特定的经济社会空间造就特定的精英类型：东部发达地区多是一些“富人”治村，中、西部地区的村治主体为一群没有财富、权势的中等收入阶层的普通农户。笔者在2011—2017年分别去了江西赣州、安徽宿州、广西富川、山西运城、广东清远、浙江慈溪及绍兴、湖北蔡甸（武汉）及秭归、江苏南京等地区进行调研，一直关注村级治理这个问题，每次调研的时间大都在10～20天。作为一个土生土长的华北人，每次异域村庄调研都给了笔者很多的冲击和想象：富人、混混、家族势力、老人协会、村落理事会等都成为维持村庄秩序非常重要的力量，也正是在这种区域差异的比较中，笔者逐渐积累了自己的问题意识和研究兴趣。

2012年，笔者在安徽宿州的一个“明星村”进行了20天的调研，村支书是一位有名的企业老板，该村的村级治理也表现为典型的“富人治村”。在这位富人的带领下，村委班子比较得力，村庄建设和村级治理的效果也比较好。这位富人村干部不仅是村支书，还因为自身的经济社会地位和治理业绩而成为县人大代表，得到当地省、市、区（县）各级政府的多次表彰。得益于自己的身份地位，这位富人书记的企业规模越做越大，市场越拓越宽。与之相似的还有山西运城的某村，这个地方也有“富人书记”，不同的是，这个富人有着“混混”的底色，属于有着灰色收入性质的富人混混。这位富人书记原先从事其他不正当职业，后来看到乡镇项目工程的利润空间很大，就开始插手乡村事务，并通过当村干部来获得承包村级及乡镇项目工程的权利。乡镇政府也让这样有灰黑背景的富人来当村干部，一方面可以维持村庄秩序，摆平村庄矛盾，另一方面也可以依赖这些有财富及权势的人去争取项目。这些富人再象征性地捐点钱物就很容易被乡镇推为典型。上述笔者调研的这两个村庄都属于普通的农业型村庄，不同的是这两个村属于乡镇的“典型村”，项目政策资源也比较多，因为村庄中能够与之竞争的村庄富人精英比较少，村庄的选举相对温和些。而同样是富人治村的湖北武汉城郊农村和浙江发达地区的农村，村庄选举显然要激烈得多，与安徽和山西地区村庄中只有个别富人“一家独大”的局面不同，这些村庄属于城郊区，获得经济利益的机会比较多，富人和村庄精英众多，因此村庄选举要激烈得多。笔者去武汉某城郊村调研期间正值村干部换届选举，该村村干部竞选比较激烈，经常出现打架斗殴的场面，乡镇政府甚至需要出动警力来保障村庄选举的正常进行。笔者也去了发达地区的一些乡镇，包括浙江慈溪和绍兴等地，这些地方的富人众多，富人治村比较典型，都是有权有势的老板，乡村治理的政绩也很明显。

与这些资源和利益比较密集的地区相比，笔者去的其他中西部地区的非典型村庄，也就是传统的农业型村庄，既没有激烈的村庄选举，也没有富人村干部，村庄中没有足够的利益来激励富人竞选村干部。笔者所调研的湖北荆州公安地区的某村，在一个乡镇的边缘位置，属于“瘫痪”村，由于村庄精英大量流失，长期选不出合适的村干部，并且也非典型村庄，没有项目资源激励，富人不愿意回来主政，村庄秩序已经瘫痪，只好选一些无赖式人物来维持村庄秩序。然而，同样是经济资源匮乏的农业型村庄，湖北宜昌、荆门沙洋等地的农村则显得有序得多，与前面的富人治村形成强烈反差的是，这里没有富人愿意当村干部，但是这里也没有利用无赖式人物来维持秩序，更多的是选择一些留守的青壮年群体来维持村庄秩序，这些群体也愿意在收入较少、利益激励较少的情况下当村干部。这些村的村级治理可能没有较大的“政绩”，但能够维持村庄正常运转。这些地方的村庄选举并不激烈，村委班子也比较稳定，同时村干部也相对负责，他们十分关注村庄公共品建设和村庄发展建设。大部分传统农业型村庄的村干部就属于这种类型。同时，中西部大部分农村的类型也是这样，既不属于地理区位优势明显、经济基础较好的发达村庄，也不属于项目资源较多的典型村，不是一些地处边缘的瘫痪村，而是一些不好不坏、村级治理秩序能够正常进行的传统农业型村庄。这些村庄以农业生产为主，村庄青壮年大量外出务工，但仍有一部分在村的青壮年群体在维持秩序。

正是这几次不同区域调研实践的强烈对比，让笔者对不同地区村干部的类型、参与村级治理的动力和村级治理绩效产生了研究的兴趣，并不断刺激笔者思考：为什么不同地区的村干部呈现不同的行为特征？为什么中西部地区的传统农业型村庄，富人村干部比较少？为什么同是中西部的农村地区，有些村庄的村级治理状况比较好，有些村庄却呈现瘫痪状态？所有的问题其实就是要回答：当下中西部农村地区，在村干部缺少利益激励的情况下，什么样类型的权威愿意参与村级治理，并且能够有效地发挥作用。

2015 年 7 月份，笔者到川西汉镇进行了为期 20 天的调研，川西汉镇是一个典型的传统农业型乡镇，村民以农业生产为主，保留着传统的小农生产模式，乡镇内部经济机会不多，乡村社会的青壮年群体大多外出务工经商。作为农业型乡镇，乡镇政府的财政实力不强，再加上国家输入的项目资源一般，乡村社会的利益激励就比较少，导致乡村精英当村干部的动力不强。但汉镇的村级治理并没有瘫痪，村干部群体也在稳定地更替，仔细观察汉镇村干部的类型特征，我们发现除了一个典型村的村干部算“半个富人”之外，其他村的村干部主要是一些常年生活在村庄的普通青壮年农民。

这一现象与笔者调研过的很多传统农业型村庄的村级治理状况和治理主体类型一样。但因为这一村干部类型太过“普通”，很难被学界和政界所关注，学界既有研究重点关注东部发达地区的村庄治理实践差异及类型，而很少有研究把这一“普通”村干部的类型特质加以提炼，很少对这一群体在中西部地区出现的规律和趋势进行总结。东部发达地区因为有较好的经济基础，基层治理实践创新较多，能够引起学界的注意。中西部农村地区几乎没有什么资源来进行各种治理创新，自取消农业税以来，也没有什么尖锐的矛盾和干群冲突，很难再引起学界的关注。在人、财、物流失和精英发生断层的大背景下，学界基本停止了对中西部农村地区权威类型变化及乡村秩序的深入研究。但实际上，在后税费时期，在新的社会关系下，中西部农村地区形成了新的乡村两级关系，也面临着新的治理目标任务，乡村治理精英的类型也在发生变迁，因此有必要探究新时期中西部农业型地区乡村精英类型及其治理实践，以更好地理解中西部地区的权威秩序。这也是笔者在本书要关注的重点。

笔者研究发现，中西部很多农业型村庄出现这一现象绝不是偶然。分析和研究传统农业村庄的权威秩序和治理实践，对回答笔者长期疑惑的问题具有重要意义：在缺少利益激励的传统农业村庄，什么类型的精英愿意参与村级治理？他们的治理机制和效果是怎样的？为深入解剖这一乡镇的权威和治理状况，以更好地理解中西部地区传统农业型村庄的权威和秩序，笔者于2015年8月份再次进入这个乡镇开展调研，并一直持续到当年10月份结束，调研时间累计达三个月。在深入调研的过程中笔者发现，在国家和社会转型的大背景下，“中农群体”已然成为传统农业村庄的权威，他们在维系村庄社会秩序方面发挥着重要的作用。他们是一些长年在村的青壮年群体，并没有外出务工，但在村庄附近仍能获得不低于外出务工的收入。该群体的利益关系和社会关系都在村庄中，属于村庄的中等收入群体。他们往往是多元兼业的小农，与普通村民的差异不大，但由于年龄、身体素质、文化和技能水平、社会关系资源的优势禀赋，其在村庄中的地位和作用比较突出，成为快速城镇化进程中村级治理的中坚力量。

本书以中西部地区传统农业村庄的“中农”为主要的研究对象，分析他们的经济社会特征及其作为村治主体的动力机制和治理模式。从三个层面来探析传统农业村庄的村庄权威及其治理状况，即“中农”是如何产生的？他们为什么能够成为村治主体？他们如何治村？本书的主要目标在于通过探讨传统农业型村庄的权威类型和治理模式，来回答城市化背景下人口流出的中西部农村地区“谁在当村干部”和“谁在维系农村社会”的问题，并在国家社会的理论框架下，来理解国家、社会、乡村权威各自在村级治理中的角色和作用，也即在资源下乡背景下，“中农”能否承接国家惠农资源，形成村级治理的能力；国家在资源输入和政策配置的过程中，应扮演什么样的角色，才能有效地激活村民自治和提升基层治理的能力。

笔者在研究中发现，特定的经济社会空间造就特定的精英类型，中西部农业型村庄的村治权威表现为一个“中农”群体。以汉镇为代表的许多中西部的普通农业村庄虽然面临着“能人”不断外流、村治主体缺失问题，但农村社会仍有一定的经济机会和资源空间能让一部分青壮年获得不低于外出务工的收入，从而成为村庄中的“中农”。他们不是政府所提倡的“富人”，也非“恶势力”，大都是一些没有财富、权势的中等收入阶层的普通农户。“中农”没有脱离农业生产和农村生活，主要从农副业等生产环节和上下游的流通服务环节，以及一些满足农民生活需求的商业服务项目中获得收入。他们是国家惠农政策和公共品建设的较大受益者，也受到村庄社会关系和价值舆论的约束，愿意在村庄的公共事务中带头。在乡村治理的实践中，这些新生力量逐渐替代了老式干部。

中农成为村治权威是国家、社会、地方三方互动的结果。从乡村两级关系和干群关系上看，自税费改革以来，国家治理目标和治理体制的变革对乡镇政府的治理任务、角色职能及治理能力产生了较大的影响，造成乡镇政府既无动力也无能力再去控制村级组织。这也间接导致村级组织的“弱行政化”。村级组织角色和职能的转化也成为中农治村的政治基础。而村庄内生权力秩序的变革也为中农治村提供了社会基础。农村权力结构的扁平化状态让“中农”群体有一定的能力来维持村庄的稳定和秩序。

从中农治村的机制来看，这部分中农群体的经济社会地位优势并不明显，难以像东部经济发达地区的富人、“狠人”一样，凭私人权势、财富资源来实现村庄治理。但在资源输入的背景下，“中农”借助惠农资源，通过村庄动员的方式，发挥村民的力量来实现村庄建设和自我管理。并且，在村级治理过程中，中农治村并没有出现富人治村、狠人治村下的强人控制、私人治理和政治排斥的特征，反而出现了具有自身特点的管理模式，如民主参与制、商议制、集体表决制、公共品项目集体监督制等。从治理的结果上看，他们能够通过公共资源的公共运作，达到民主治理的目标。这些都对改革后中国的农村管理、乡村治理和机制建设具有启发性的参考意义。

目　　录

第一章 乡村权威的变迁与理论

乡土社会转型和国家治理转型带来的是乡村权威、治理目标任务、治理对象和资源手段的变革，并由此导致乡村两级之间、干群之间的利益关系和角色行为的变动，这就对新村治主体的类型及其治理机制产生了影响。

学术界对中国农村权威与秩序的研究主要从国家社会关系演变的视角探讨权威产生、类型更替、角色行为及其对农村社会秩序产生的影响。在国家社会关系的视角下，既有的研究主要从两个方面来展开：一是在社会转型变迁的基础上，从地方社会内在的文化资源体系和权威产生的基础角度来探讨农村社会内生的权威类型及秩序生成；二是汲取西方关于国家政权建设方面的研究，从国家的视角探讨国家权力的进入对乡村权威秩序产生的影响。这两个方面的研究分别从社会、国家两个不同的权力资源配置主体来认识在外在结构性力量的形塑下，地方权威的角色特征、权威来源、动力机制、治理机制和治理绩效等，并在此基础上形成了三个主要的研究传统：绅士研究、地方精英研究和基层代理人研究。

一、权威变迁：从传统走向现代

（一）传统社会的绅治模式

绅士是传统社会地方治理的关键，学界将"绅士"理解为国家和社会的中介，作为地方社会的权威，管理地方秩序。目前，已有大量的研究来分析绅士的经济社会特征及其产生条件。吴晗(2006)认为绅士是地方社会上的名门望族，大都考取过功名，或至少对四书五经、儒家典故比较熟悉，绅士凭借自己对儒家经典的掌握，成为地方的伦理教化权威。绅士阶层作为地方上的名门望族，拥有较多的土地资源和财富优势，能保证自家的子弟获得知识、考取功名，从而实现阶层地位的再生产，并有能力进入官僚系统从而增加与中央政府谈判的关系资源，在经济财富积累、权势地位再生产上占优势(张仲礼，1991；周荣德，2000)。绅士一般是乡村社会的富豪(狄金华、钟涨宝，2014)。

在绅士研究方面，费孝通提出的"皇权和绅权""双轨政治"以及差序格局上建立起来的长老统治秩序，都对理解传统时期的权力结构及其村庄权威秩序有比较深刻的洞见。而张仲礼、周荣德对绅士群体的经济社会特征、功能及其生产的研究也都在很大程度上补充了传统时期人们对乡土社会精英群体的理解。

除了个体层面的财富、知识、家势以外，绅士的权威还来自自上而下的身份特权和乡村社会的民众认可。费正清(1995)指出，绅士在乡村社会中居于领导地位，并主宰着乡村社会的日常管理，国家权力并不直接介入。绅士管理地方社会的权力是国家制度所认可的，官僚系统一般不介入(胡庆钧，1988)。费孝通(2006)用皇权与绅权平行的“双轨政治”来说明传统时期地方社会的秩序维系方式，国家通过绅士与农民产生关系，绅士作为国家社会的中间层，平衡着双方的利益，并将“绅士”视为地方社会的保护者，绅权是对皇权的约束与缓冲。费孝通、吴晗(1991)认为：“绅士之所以在中国社会之中蕴含巨大的力量，就是因为他们有权势财富，还拥有根深蒂固的传统给予支持。”传统就是符合文化正统和地方共识的礼俗规范，是权威正当性的标准。杜赞奇(2003)也提出权力的文化网络，从权力生产的社会基础和文化体系来理解乡土社会的权力结构，它强调组织系统中权力赖以生存的文化及合法性，它不只是角逐权力的场所，它还是正统和权威产生、表现及再生的发源地。除了强调内生权力网络对权威生产的重要性，杜赞奇也开辟了另一视角，即国家权力对乡村权力秩序产生的影响，分析国家权力下沉对乡村社会权威秩序产生的影响。

后续的研究沿着杜赞奇所开辟的视角继续开拓。这些研究认为传统的士绅研究把士绅的角色和作用过于“道德化”，绅治模式难以囊括中国地方精英的复杂性和多元性(李猛，1995；常建华，1998)。绅士研究也逐渐转向内涵更为宽泛的“地方精英”研究。地方精英研究不再单纯地关注绅士这一权威主体，而是多方面地关注基层社会有影响力的权力主体，并分析国家权力下沉对乡村社会权威秩序产生的影响(衷海燕，2005)。

(二) 地方精英研究

地方精英研究开启于近现代转型以来新旧权威的更替变迁。不同于以往的绅士研究，地方精英研究主要从客观支配力而非主观认同上来认识地方社会的权威秩序。在这一视角下，地方精英泛指地方社会一切有权势、有支配力的人物，包括运用暴力威胁的权力精英。土豪劣绅、恶霸恶棍等也被纳入地方社会的权力体系中(衷海燕，2005)，杜赞奇(2003)也因为他们的牟利特性，称他们为“赢利型经纪”。这些“赢利型经纪”成为近现代国家从乡村社会汲取资源，完成国家现代化建设非常重要的力量。新中国成立以后，中国共产党通过打击乡村社会的土豪劣绅，建立正式的基层政权，从而解决了乡村社会“赢利型经纪”横行的局面，地方精英统治也告一段落。

1. 改革开放以来的社会转型与精英研究

改革开放以后，地方精英研究再次火热起来。市场经济的崛起、国家权力的后撤以及传统文化的复苏对乡村社会的权威秩序产生了巨大的影响，地方精英的类型更加丰富起来。除了传统的宗族权威、宗教领袖以及村干部等体制性精英，市场经济的崛起，也诞生了一批不同于以往家族精英、政治精英的经济精英，“地痞流氓”也再次卷土重来。新时期，学界围绕着乡村精英群体的类型特征、结构及影响也展开了大量研究。

党国印(1997)把20世纪80年代以来的新兴精英分为宗法权威、宗教权威，新兴的富裕阶层，地痞、村霸等流氓恶势力。对于宗族精英，学界主要是分析他们的特征及其与现代化的关系，如王沪宁(1991)的《当代中国村落家族文化——对中国社会现代化的一项探索》、王铭铭(1997)的《村落视野中的文化与权力》、钱杭等(1995)的《传统与转型：江西泰和农村宗族形态——一项社会人类学的研究》。对于宗族组织与农村治理之间的关系，学界则存在一定的分歧：有的学者认为宗族力量是一种较为负面的力量，不利于村庄选举和民主政治的形成，不应当被吸纳到村级治理中来(肖唐镖，2003；吴思红，2000；袁正民，2000)。也有学者持相反意见，认为宗族组织在村庄的公共生活中发挥着重要作用，起到村庄整合的作用，也有利于村民自治的实现(朱康对、黄卫堂、任晓，2000；仝志辉，

2002)。贺雪峰(2007)用"农民行动单位"和"农村行为逻辑"的概念来分析不同区域宗族结构和行为能力对村级治理所产生的积极或消极影响。

除了宗族势力,也有大量的研究探讨地痞流氓、灰黑势力对村级治理所产生的影响。其中一些学者从体制外精英的角度,探讨他们作为非治理主体在村庄选举、村民自治、利益分配、集体行动等方面的影响(于建嵘,2003;董江爱、崔培兵,2010;杨正才、李国安,2008;徐晓军、张必春,2009);也有一些学者从他们作为村治主体的角度,探讨他们成为村治主体的原因,治理的方式和手段,及其对基层秩序所产生的影响(耿羽,2011b;陈柏峰,2010)。特别是他们当中的一部分群体已经完成了原始积累,在市场经济中成功"洗白",逐渐向经济精英转变,他们参与村级治理的影响更为复杂(孙远东,1999;陈柏峰,2010;黄海,2010;欧三任、张文军,2010)。

除了上述精英,富人群体也成为改革开放以后精英研究的热点。目前对这一群体的研究也形成了两种主要的分歧:一种观点认为他们在村庄经济政治生活中具有重要的影响力和带动力(项辉、周威锋,2001),在开展村庄公共事业等方面有优势(王国勤,2009;郭剑鸣,2010),乃至在民主政治建设和村级合法性等方面有积极效应(徐勇,1996;胡序杭,2005),理应被吸纳到乡村组织中来(卢福营,2008;黄俊尧,2009;郎友兴,2009),他们作为新时期的"新乡贤",理应在乡村治理中发挥更多的作用(黄海,2015;颜德如,2016;王先明,2014)。然而,对富人参政的研究也并不是一边倒的,一些学者通过对富人治村产生机制的研究,发现其利用自身强势的社会资本改变村庄选举的结果,从而有悖于民主政治的实现(刘锐,2015;袁松,2014);也有学者通过分析富人治村的动机和治理机制等,发现富人治村经营式治理和私人治理的性质,体现出较强的"投资增值"取向(卢福营,2006)。还有一些学者从基层政治的角度来理解富人治村所产生的政治排斥和社会整合问题(桂华、刘燕舞,2009)。

2. 国家治理转型与村治主体变迁研究

与上述从村庄社会内部转型来分析乡村社会的各类权威精英不同,

国家治理转型下的乡村权威秩序则处于另一番景象，这一视角下的研究更加关注作为国家代理人的“村治主体”在村庄社会中的作用。改革开放以后，人民公社制度取消，取而代之的是“乡政村治”和“村民自治”模式（张厚安，1992）。这一时期，国家和社会的中介变为“半正式”的村干部，学界和政界普遍希望被村民选出来的村干部能够担当起国家代理人和村庄当家人的“双重角色”，以有效地实现村级民主和推动村庄公共事务的发展（徐勇，1997）。但在现实的发展中，村级组织变为乡镇政府汲取资源的一线组织，一些受制于村庄社会人情网络影响，不愿意强征豪夺的村干部，也逐渐被乡镇政府淘汰。乡镇政府也倾向于采用一些家族势力和灰黑背景的混混、狠人来当村干部（党国印，1998），并默许他们在资源汲取的过程中获得自身的利益，“狠人治村”也成为这一时期权威秩序的典型特征。这样在资源汲取的共同目标下，村干部偏离了自身“当家人”的角色，乡、村两级利益共同体形成，依赖暴力资源来治理的乡村社会，也因此干群关系紧张，矛盾频发（魏建等，2008；王立胜，2006）。学界在分析这一时期乡村社会权威秩序形成的原因时，往往将其归结于国家汲取资源的任务目标与地方正式治理能力的不足有关，在压力型体制和锦标赛体制下，地方政权只能依赖乡村社会的权势人物来完成（荣敬本等，1998；周黎安，2007；景跃进，2001；项继权，2005）。

与农业税费时期典型的“狠人治村”不同，税费改革以后，国家和社会的关系发生重大转变，国家不再汲取资源，反而向农村输入大量资源，地方政府也没有了资源汲取的任务压力，也不再需要借助狠人来完成任务。这就让之前的国家社会关系从汲取、对立变为输入、帮扶。相应的，农村的治理体制也发生了重大变革，项目制的实施以及基层政权建设的制度化、程序化，也对乡村治理产生了重大影响。学界围绕项目制的实施以及基层政权的制度化来分析国家社会关系转变对村治主体及治理产生的影响。

有学者把后税费时期乡村治理特征总结为“项目治国”（周飞舟，

2012)、“技术化治理”(渠敬东等,2009),认为这一时期国家试图绕过乡村组织来直接管理农村,不再借助村干部群体,而是把惠农资源通过官僚行政体系直接输入农村,并通过项目制的方式来解决农村公共品困境(渠敬东,2012)。然而,学者们通过研究项目制及其对农村治理产生的影响发现,项目制带来了新一轮的乡村治理危机。国家通过项目制向农村输入资源的过程中出现了地方政治精英与经济精英联盟(黄宗智等,2014),围绕着资源分配形成了新的分利群体(陈锋,2015),乡、村两级组织的治理能力下降,项目式公共品供给中的组织困境仍难以克服(李祖佩,2012a),项目资金的非均衡投放带来不同村庄在项目享有上的分化(叶敏、李宽,2014),在一些项目资源较少的村庄,村干部消极作为,村治主体缺失,村民难以组织,村庄公共品缺乏(耿羽,2011);一些项目进村以后也因为钉子户和搭便车的问题导致项目难以落地,造成了公共品供给的“最后一公里现象”(桂华,2014)。

项目资源较多的乡镇,村治主体也出现了新的情况:地方政府与地方势力结盟(折晓叶、陈婴婴,2011),大量汲取自上而下输入农村的资源,由此导致农村治理的内卷化(贺雪峰,2011)。渠敬东(2009)认为,新时期通过一系列的技术手段,依赖基层政权建设无法杜绝一些寻租行为。同时,一些灰黑势力也介入村庄治理,造成了新一轮的治理危机(耿羽,2011)。通过项目制来贯彻政府意志、治理农村的方式,并非像上级部门所预想的那样有效,反而导致资金大量浪费,难以真正惠及农村基层(张良,2013)。在项目下乡的过程中,乡村组织既没有实现服务型组织的转型,也没有积极行政的动力,而是演变为逐利性组织(赵晓峰,2010)。农民的公共品需求也没有得到满足(尹利民、全文婷,2014)。

总之,税费改革以来,虽然进入国家反哺农村的阶段,但仍然出现了诸多治理问题。无论是税费时期从农村汲取资源进行村庄建设,还是后税费时期通过资源输入进行农村建设,农村社会都因为国家正式权力退出而基层又缺乏有效的组织手段,难以调解农民的利益纠纷和完成自上而下的任务。基层政府只能依赖村庄强人、能人，甚至恶势力来解决问题，这也带来了大量的政治及社会问题，表现为税费时期的“乡村利益共同体”(贺雪峰，2009)和后税费时期“分利秩序”的形成(陈锋，2015)。

二、多元理论视角下的村庄权威秩序生产

(一) 国家政权建设理论

在安东尼·吉登斯(1998)看来，现代民族国家的建立是国家行政力量全面介入社会的过程，国家不断强化对社会的控制能力。查尔斯·蒂利(2008)等学者称这一过程为国家政权建设，伴随着这一过程的是政权的官僚化、合理化及对社会资源的汲取(杜赞奇，2003)。但是，国家对社会的渗透和汲取往往激起了民众的抗争(查尔斯·蒂利，2008)，地方社会秩序在此过程中也不可避免地遭受破坏。并且由于国家自身较弱的控制能力，汲取资源只能依赖地方利益集团，导致地方社会秩序容易被强势社会利益集团所控制，造成政治社会危机和国家社会的病态关系(乔尔·S.米格代尔，2009)。国家如何通过有效的政权建设来实现对社会的控制或者说国家通过什么样的方式来加强对基层社会的控制能力，就成为现代国家不得不思考的问题。

围绕着这一问题，在20世纪七八十年代，国家学派提出了“国家能力”理论。国家能力就是“国家在实现其公务目标，特别是通过克服强社会集团的反对实现自身政策目标的能力”(西达·斯考切波，2009)。乔尔·S.米格达尔(2009)也指出，国家能力是“国家通过种种计划、政策和行动实现其领导人所寻求的社会变化的能力”，它表现为“影响社会组织、规置社会关系，抽取资源和拨款，或以特定的方式使用资源”。王绍光、胡鞍钢(1993)将国家能力定义为“国家将自己的意志、目标转化为现实的能力”。

与之前单纯地从国家权力扩张和权力下渗的角度来认识国家政权建设不同，国家能力理论认为国家权力和国家能力不同。国家能力的强大依赖于权力行使的合法性和有效性，否则单纯的官僚体系的增长、权力的下沉，可能会导致特权、寻租等问题，反而削弱国家能力（王仲伟、胡伟，2014）。因此，国家能力视角下的政权建设从权力运行的合法性和有效性出发。在探索国家权力下沉的有效性和合法性的过程中，国家注重对社会力量的吸纳，整合就成为国家政权建设的有效方向。例如，乔尔·S.米格达尔（2009）强调国家与社会处于相互形塑、互补的关系中，应该彼此合作。迈克尔·曼（1999）提出通过加强基础性权力建设来吸纳、渗透进市民社会，从而实现与社会的有效融合，达到贯彻自身意志的目的，但是迈克尔·曼的基础性权力指的是一种制度性权力，更注重制度性的官僚行政体系建设。

国家政权建设理论从国家的视角来认识近现代以来的基层政权建设问题，有助于我们理解国家政权建设对基层社会治理所产生的影响。国家能力理论也进一步启发了笔者，必须区分开“国家目标”“国家权力”与“国家能力”。国家权力与国家能力并不相同，单纯的权力扩张和官僚体制建设不一定能提高国家的治理能力和实现自身目标。在国家目标与自身治理能力不匹配的情况下，国家通过什么样的方式来实现自身的目标就对基层治理结构产生了非常重要的影响。同时，专断性权力和基础性权力的二分法，也让我们进一步认识到现代国家能力的标准，以及基础性（制度性）国家权力建设的重要性。

近现代以来，中国不断地模仿和借鉴西方政权建设的经验来治理基层社会，但并没有产生预期的效果。国家权力下渗和基层社会的制度化建设，不仅没有实现国家预期的目标，反而导致了国家政权建设内卷化和赢利型经纪大量崛起的困境，地方社会的传统权威秩序也大大遭受破坏（杜赞奇，2003）。新中国成立以后，中国共产党领导下的政权不再盲目借鉴西方经验，创造性地建立了颇具特色的基层组织体系，既实现了党的绝对领导权，又通过群众路线的方式，依靠群众、动员群众来开展基层治理。这样，新中国成立以后，基层政权建设既实现了国家权力的深入，又实现了对基层社会的吸纳和整合；既有正式的制度建设，又保留了非正式的治理空间，从而使得基层治理保持了一定的灵活性（黄宗智，2008）。群众路线和动员底层群众，建立“权力组织网络”的做法也再造了国家对农村社会的控制和动员能力（强世功，2000）。

改革开放以后，一改新中国成立以来的基层政权方式，再次用民主化理念来改造基层政权。这一时期在“国家社会化”的改革思路下（黄宗智，2003），国家权力大幅退出。国家希望通过村两委的组织设置来平衡、协调国家和社会的关系，同时，希望借助民主政治程序的设计来保障村级权力的群众基础和合法性，降低村干部演变为赢利型经纪的可能。因此，改革开放以来，国家通过自身权力的退出和村民自治的结构来实现基层治理的民主化及现代国家政权建设，但基层政权在去国家化和社会化的过程中（黄宗智，2003），却出现了“自治行政化”的悖论（徐勇，2003；赵晓峰，2011；蒋永甫，2011）。国家企图通过村民自治的方式来自觉地执行国家的目标、任务，但在现实中往往并不具备操作性，国家的利益诉求和农民的利益诉求往往难以匹配。在国家汲取资源目标不变，基层组织治理手段资源缺乏的情况下，基层政府只能策略性地选择村庄中一些富人、狠人、混混、家族势力比较大的强势型精英（党国印，1998）来治理村庄，这也导致干群关系紧张。

后税费时期，为了改变基层社会的干群矛盾，国家停止收取农业税费，并深入借鉴西方经验，开始了正规化、制度化的基层政权建设过程。国家通过正式的科层体制建设和资源供给，实现对乡村社会的“直接治理”和“公共服务”供给。然而这种制度化、科层化的治理方式并没有造成基层政权从管理型向服务型转变，却造成了政权悬浮化。由于较少的转移支付并不足以支持乡镇的公共服务职能，乡村组织既没有实现职能的转变，也没有了工作的积极性，成为悬浮于乡村社会之上的逐利性组织

（赵晓峰，2010）。

此外，不少研究发现，国家在通过正规化、技术化的治理方式介入基层社会的过程中，也造成了新的问题。项目资源的输入重新激起了农村精英群体和社会势力参与乡村治理的积极性，并围绕着资源分配形成新的分利群体（陈锋，2015）。新的分利群体大量汲取输入农村的资源，并不断侵蚀乡村社会的公共利益，由此导致乡村治理的内卷化（贺雪峰，2011b）。通过项目制来贯彻政府意志、治理农村的方式，并非像上级部门预期的那样有效率，反而使资金难以到达农村基层（张良，2013）。普通村民难以表达自身的偏好，新的治理模式越来越脱离群众的实际需求，出现了项目消解自治的情况[①]。同时，一些灰黑势力介入村庄治理也造成了新一轮的治理危机（耿羽，2011）。

总之，取消农业税费后的乡村治理，一方面出现政权悬浮，另一方面，围绕着资源的争取和分配，地方政府和地方势力形成了新的利益结盟（陈锋，2015）。一方面国家的资源大量输入，另一方面，这些资源被大量吞噬，也难以满足村民的公共品诉求。国家试图通过正式行政体制建设和项目制的实施来直接治理的方式仍面临诸多问题，无法有效地控制基层组织的寻租行为，也难以满足基层社会的治理诉求。

中国基层治理在借鉴西方理论和经验时所出现的意外，也让我们进一步反思理论的适用性问题。因此，我们必须理解制度文本落地过程中所产生的摩擦、意外及其具体的权力运作机制，要考虑国家的目标任务、具体的制度安排、治理社会的方式在与地方的互动过程中对基层治理产生的影响。也即我们必须理解不同于西方公民社会的"中国的农村社会"。中国农村社会本质上是建立在一种差序格局上的小农经济社会，并非现代社会意义上的公民社会和团体社会。农村社会有着自身特殊的"绅治格局"，农民也有着自身的行为逻辑（费孝通，2006）。国家在进入农

① 也有人提出资源消解自治（李祖佩，2012b），在这里我们认为是项目制本身的运作逻辑导致自治失效，因此，项目消解自治更合适些。

村社会的过程中，必然受到这种社会基础的约束。在农民尚没有现代民族国家的认同时，乡土社会原有的规范和利益结构就仍然对他们有影响，也间接影响了现代国家的目标实现及政权建设。

因此，以什么样的方式在传统小农社会的基础上建构基层政权，以有效地吸纳和融合基层社会的力量，就成为现代国家政权建设能否成功的关键。这也提醒我们必须理解"乡土社会"本身，通过认识社会来自下而上地审视国家政权建设。后期学界对"社会"本身的研究就是对国家政权建设理论反思的结果。社会资本理论就是在这种反思中崛起的。社会资本理论也进一步启发我们怎样利用基层社会的自组织力量以增强国家治理能力。

（二）社会资本理论

社会资本理论是指人们理解小团体如何自组织，如何生产权威，如何克服集体行动困境，维持公共秩序，并实现公共利益最大化的。它是从行动者的角度出发来理解社会内部的组织机制、资源分配、权力关系和集体行动的逻辑，也即社会如何组织自身，自发地建构内部秩序（黄锐，2007）。社会资本理论最初是对一些集团行为和集体行动的解释，后成为理性选择理论及其自组织理论发展、补充和完善的一部分（李惠斌、杨雪冬，2000），被广泛应用于经济学、社会学和政治学等多种学科，用以理解个体理性选择与集体选择下合作、行动与社会网络结构、行动与资源、行动与文化规范、权威与结构位置以及社会资本与制度绩效的关系（王婷菲，2011）。

最先对社会资本理论阐述较为完整的是皮埃尔·布迪厄。皮埃尔·布迪厄（2003）认为，社会资本是现实或潜在的资源的集合体，这些资源与拥有共同认可的制度化关系网络有关，换言之，与一个群体中的成员身份有关。人们投资社会关系的目的在于把自我的、私有的特殊利益转化为超功利的、集体的、公共的、合法的利益。因此，通过社会资本，行动者能够获取经济资本，提高文化资本，与制度化的机构建立密切的联系，实现资本之间的转化(张文宏，2003)。

随后科尔曼、帕特南等进一步拓展和延伸了社会资本理论，并注重社会资本的功能作用。科尔曼(1999)认为，社会资本是社会结构内部提供给人们实现既定目标的要素、资源。而帕特南(2001)则从社会网络、信任和互惠等角度定义社会资本："社会资本是指社会组织的特征，诸如信任、规范以及网络，它们能够通过促进合作行为来提高社会效率。"帕特南(2001)的一个重要贡献在于将社会资本从社会学引入经济学和政治学领域，在经济现代化程度、社会资本和制度绩效之间寻找关系，并建立了社会资本和民主制度之间的关系，他认为社会资本是民主进步重要的决定性因素。奥斯特罗姆(2000)则进一步通过引入社会资本理论，来研究集体行动困境及其与经济绩效之间的关系。而在她的分析中，小地域范围内的集团在高频次、时间长、多次的重复博弈中建立了信任、道德规范、价值观，这都是社会资本的表现形式。社会资本量较高意味着含有丰富的规范和奖惩机制，这就遏制了集团成员的机会主义，解决集体行动困境，有利于公共利益的实现。

社会资本有效地破解了集体行动的困境，但上述理论不能有效地解释社会资本自身产生的问题。社会资本是如何产生的？并且，社会资本的再生产也需要有人来投资和维系，也存在搭便车的问题。社会资本如果长期处于闲置状态就会面临耗散问题(高春芽，2008)，也就是说，信任、规范和社会网络等都需要频繁的互动、传承、激活、再建构等，而这在面临边界不稳定和缺乏稳定的制度安排下，很容易被中断，不信任、无序化也会自我复制(奥斯特罗姆，2000)，因此，社会资本需要一定的支撑机制和维系机制。

也有学者从个体能动性与结构再生产的层面来理解社会资本各要素之间的关联及其再生产。例如林南(2005)强调资源与动员，权威、结构与位置之间的关系。林南认为，不同等级和结构位置中的人，社会资本的拥有量是不同的，权威人物往往占据一个等级结构的大量资源和资本，并有较强的激活社会资本的能力，把社会结构定义为“一个为维持集体资源，并且/或者获得一种或多种有价值资源的协调体系，这个体系是一个呈金字塔状的等级制结构体系，越高的位置意味着越大的权威以及对规则更大的主导力量，而位置、权威、规则和代理人则是社会宏观结构的主要要素”(王婷菲，2011)。总之，林南的研究强调掌握较多资源的权威在社会资本生产过程中的作用，并从社会文化动机上分析权威承担初期组织、动员成本的原因，分析权威在形塑结构和规则中的作用(罗家德等，2013)。

林南的研究有助于我们理解权威在社会资本生产和再生产中的作用，而后期的社会资本理论在分析社会资本的再生产时，更强调结构性因素对社会资本产生的影响，把社会资本嵌入更广阔的社会结构、经济、文化制度中。其中，波茨(1995)承认文化的和规范的动因对理性预期和信任所产生的影响，用“可强制推行的信任”来认识社会资本背后的结构性影响因素，而“可强制推行的信任”都是借助于对社区内部强制性约束因素的惧怕。托马斯·福特·布朗等(2000)进一步推进波茨对社会资本结构性影响因素的分析，将社会资本划分为微观、中观和宏观三个分析层面：微观层面侧重于讨论个体在社会网络中调动资源和实现个体目标的能力；中观层面着重分析“社会资本的结构化”，关注资源的流动、社会关系的定型和结构化过程；宏观层面重点分析“外在”文化、政治和经济等宏观制度对社会资本的构建、变化及其结构所产生的影响。

与之前探究社会资本对集体行动和制度绩效所产生的正面影响不同，后期社会资本理论在分析层次及其再生产过程方面的推进，让人们开始意识到外在的制度安排也会影响到社会资本的积累，并且探讨外在制度、权威动员和社会资本再生产之间的相关关系和影响。总之，社会资本理论从社会结构内在的资源、关系网络、信任互惠机制、规范等角度，揭示出在不必借助第三方强制的情况下，地方信任网络和社会参与可有效地减少交易成本，促进集体行动和自主治理，特别是对“规范、互惠信任机制、公民参与机制”的分析启发笔者从乡土社会内部来寻找有效的自治资源。

后期社会资本理论的扩展，也让我们意识到“自组织理论”局限性的一面。社会资本和自组织并不是一个自生、自发的过程，而是有一系列的结构性影响因素和支撑性条件，需要外在制度的支持（马得勇、王正绪，2009）；需要权威来“组织、动员”。如果从发生学而非功能上来看社会资本自身的“生产”，社会资本的产生也存在集体行动及社会资本弱化的问题（科尔曼，1999）。社会资本并非先天存在和永久性的，而是一个有过程的、自我与社会结构之间因果互惠的能动结果（托马斯·福特·布朗等，2000）。当社会资本的存在条件和维持机制发生了一定程度的变革，可能就会出现社会资本的衰落和瓦解问题。

中国农村社会面临的是传统社会资本与现代社会资本都不足的局面，单纯的自组织也可能演变为自生自灭。后期社会资本理论的自我反思也开始从国家和社会合作的角度来破解转型时期自组织的难题。例如20世纪90年代以来兴起的国家和社会协同治理（郑巧、肖文涛，2008），这一治理理念注重国家主导下的社会资本培育，实现“官民共治”（俞可平，2012）。这也启发笔者从国家制度供给和内部权威动员的角度来理解农村社会资本的培育及其激活问题。

（三）传统农业村庄权威研究的空间

税费改革以后，乡村两级关系不再成为学界关注的焦点，学界几乎停止了对中西部地区传统农业型村庄权威秩序的深入研究。与此同时，中西部农村地区不断的凋敝和空心化，村庄精英不断的流失，也进一步导致了学者们研究兴趣的降低。一些仅有的研究也主要是指出村庄“无主体熟人社会”（吴重庆，2011），“精英断层”、村庄亚瘫痪的状态（陈潭、刘祖华，2004）。面临这种局面，村级治理层面也出现诸多问题，表现为村治主体不足、村干部积极性不高、接班人危机等问题（钟海，2009；吴思红，

2000；王立争，2015；宁泽逵等，2005）。

然而，并不是所有的研究都持悲观论调。一些学者从学理上和实践上来探讨后税费时期，中西部农村地区形成了良性村庄权威秩序的可能性（刘安，2011；蔺雪春，2011）。这些研究认为，随着农村生产要素的流动，中西部农村地区也在形成一些新的权威力量，他们是一些"小型家庭农场主""中农""中坚农民"等（王德福、桂华，2011；徐嘉鸿，2012；贺雪峰，2015）。他们与村庄社会的利益紧密相关，对农业生产比较关心，对村庄公共事务也比较热心，他们逐渐成为村庄建设和村庄整合的积极力量（杨华，2012）。一些研究也开始探讨他们与村级治理的关系。例如，韩鹏云等（2014）、田先红（2013）从党组织建设的角度，发现"新中农阶层"在基层党组织建设方面所具有的积极作用。刘锐（2012）通过分析中农治村的背景、治理逻辑，指出中农在维持村庄秩序稳定方面的优势。龙斧、高万芹（2016）则从公共品供给的视角来分析他们在农村治理中的地位和功能。

上述学术研究为我们认识乡村权威秩序变迁以及当下中西部传统农业村庄的权威现状提供了丰富的研究基础，并为我们重建新时期的乡村权威秩序提供了新的理论视角。然而，总体上学界对中西部地区权威秩序的研究较少。从研究视野上来看，已有的研究对传统农业型村庄的认识大都为人才流失、社会资本缺乏，很少有人从农业经营主体变迁的视角来观察及分析农业型村庄所存在的社会资本资源和权威状况，也很少有人研究权威与村庄社会资本的相互作用和互动状况。这也为笔者考察中农为什么能够生产权威，他们如何利用村庄社会资本激活村级治理，村庄权威秩序如何生产提供了空间。

在研究方法上，已有的研究更多地侧重于理论探讨、制度分析，深入到县、乡、村做微观研究的并不多。从研究地点的选择上来看，一些从村庄内部视角来研究农村治理问题的学者，大都是选择一些项目资源比较多的少数典型村、示范村，而忽视了大多数资源比较少的普通村庄。特别是对经济比较发达地区的乡村治理关注的比较多，对中西部地区的村治探讨较少。中西部地区生产力发展水平较为落后，农村经济社会关系的发展，乃至政治、文化结构都明显不同于发达地区，基层治理的逻辑也明显不同于东部发达地区。东部发达地区由于治理实践具有超前性和创新性，往往能够引起重视，并成为政策制定的主要参考对象。以东部发达地区的村治经验和现象乃至治理创新作为全国农村政策制定的参考对象，并不合理和科学。并且中西部地区以农业生产为主的传统村庄占到全国农村的80%左右[①]。因此，探讨中西部农村地区的治理就更有意义，也更值得关注，对政策制定的差异性和科学性更有参考价值。

本书在前人研究的基础上，采用个案研究的方法，通过实地调研和定性分析，多方位、整体性地对农村社会的政治、经济、文化等进行描述，以便读者更好地理解新权威产生的基础和条件，从而发掘出定量研究和制度分析难以呈现的治理现象，更加真实地理解当下农村治理的现状。此外，本书通过对川西汉镇的权威结构及其治理机制的综合性分析，也揭示出在资源输入的大背景下，农村社会自治仍有一定的基础和权威，需要外在的制度赋权和资源输入来激活这种自治能力。并从组织成本上来进一步分析国家和权威在社会资本再生产及村民自治中的角色与作用，从而理解在新的国家与社会关系下，国家恰当的制度供给如何有效地激活村庄社会资本，又反过来如何促进基层治理。也即国家和社会怎样才能有效地合作，国家与社会的边界及其功能如何定位。

此外，本研究也进一步从当下村庄治理的现实出发，为科学地制定农村政策提供一定的启示。本研究认为政府应当鼓励和培养有一定集体责任感和荣誉感的中农来当村干部，而非鼓励富人、狠人等来当村干部，强势的富人、狠人更多的是为了私人利益而当干部，他们利用私人财富、暴力等资源进行治理，容易产生政治排斥和合法性流失等问题，而中农更能

① 传统农村指的是中西部地区农业生产特征明显、农业人口众多、工商业不发达的非城郊村，农民的收入主要来自农业和外出务工，这类农村大约占到全国农村地区的80%，详细内容可以参考贺雪峰所著的《什么农村，什么问题》。

体现社会主义政权的性质，更能维护大多数村民的利益。

三、研究思路、章节安排和概念界定

（一）研究思路

根据上述理论资源，我们把影响村庄权威主体变迁的因素分为国家和村庄社会两个层面：国家层面主要分析国家政权建设的程度、方式对村庄治理所产生的影响；村庄社会层面主要分析农民阶层分化、流动，村庄经济文化变迁对村庄权力格局、利益关系、社会资本及村民自组织能力所产生的影响。在这两个框架下面，笔者着重分析后税费时期"新权威主体（中农）（经济基础）-村治主体（政治基础）-治理机制（治理资源手段）"，从而对新型权威主体的特征、类型和治理模式有更为准确的认识。

本书内在的分析路径和解释逻辑在于通过国家社会转型所带来的"新权威主体-村治主体-治理机制"之变来揭示中西部地区村治主体的变动情况。具体说来，就是从乡土社会转型和国家治理转型的角度来论述"新权威主体-村治主体-治理机制"。乡土社会转型和国家治理转型带来的是乡村权威、治理目标任务、治理对象和资源手段的变革，并由此导致乡村两级之间、干群之间的利益关系和角色行为的变动，这就对新村治主体的类型及其治理机制产生了影响。中农治村及其民主治理机制就是在上述因素的共同作用下产生的。

（二）章节安排

在结构安排上本书总共分为六章，除了导论和结论，本书的主体部分围绕着"新权威主体-村治主体-治理机制"的框架结构分为三个大的主要部分：首先是论述村庄社会基础之变所带来的村庄精英变革——中农群体的产生；其次是从国家转型的角度来论述他们为什么由村庄精英演变为村治主体以及演变的过程；最后在以上两个基础之上分析中农的治理机制，即中农如何产生，又是如何成为村治主体，中农的治理机制是怎样的。

1. 中农如何产生

这一部分安排在第二章及第三章，主要论述作为汉镇村治精英的中农群体的产生基础及特征。在这一部分，笔者首先分析谁是中农，为什么会存在中农，中农产生的经济社会基础是什么；其次分析他们具备什么样的经济、社会特征；最后分析中农为什么能够成为村庄精英及他们参与村庄公共事务的动机。

2. 中农如何成为村治主体

这一部分安排在第四章，从当下国家治理转型上来理解村级治理的目标任务、对象、治理资源手段的变化对村级治理主体角色、能力和行为的要求，从而进一步分析中农是如何成为村治主体的。

税费改革以后，国家治理体制的变革对乡村两级关系、村级治理的目标任务、村干部的角色行为乃至治理的手段资源都产生了影响。而与之对应的是基层社会的变迁对乡村治理所产生的影响，村庄精英和边缘群体等的发展变化也对村级治理主体和治理目标的实现产生了影响。上述因素的变化共同导致了村治主体和村级治理机制的变动。

3. 中农的治理机制

这一部分安排在第五章，重点分析中农如何利用惠农资源和自身的影响力来开展村庄治理，并分析中农如何利用村级治理的积极力量来形成集体行动和民主治理的能力。通过对比东部发达地区富人治村、狠人治村来进一步认识中西部地区中农治村发生的原因和治理效果。

最后是结论和讨论。通过梳理汉镇的村治经验，本书得出了以下结论。第一，在中西部地区的农业型村庄，村治主体的类型表现为一定数量的年富力强的“中农”，中农作为村治主体，既有一定的经济基础，也有一定的政治社会基础。中农治村与中西部地区农业型村庄的生存空间和基层治理环境有着重要的关系，也是国家治理转型和基层社会转型下各级利益主体互动的结果。第二，中农治村的发生具有一定的基础，也产生了一定的治理效果。在后税费时期，村级治理的目标任务和治理的手段资源发生了巨大变化，这为中农治村提供了一定的契机。同时，资源汲取任务的取消，导致村级治理的难度大大降低，而项目资源的输入，也成为村级治理的资源。中农干部能够利用自上而下的项目资源来激活村民参与的积极性，通过依赖和发动群众的方式来实现村庄的公共利益，重塑村级的公共治理能力。

在此基础上，笔者提出扁平化的民主治理模式，认为当下农村社会自治能力的激活，既是外部制度支持、资源输入及其赋权的结果，也是内部社会精英动员和社会参与的结果。在国家和社会的互动中，基层社会利用外部资源让自己内部组织起来，社会资本得以激活和再生产，村庄也形成了自主治理能力，而这一切的发生与国家治理转型和中西部地区特有的社会基础有关。

本书在讨论部分进一步分析了为什么在传统治理资源和现代治理资源都不足的局面下，农村社会自治能力的激活需要国家和社会的联动，并从村庄社会性质的角度来认识精英、国家在社会资本再生产和农村自治方面的角色、作用；从国家与社会协调共治的角度来进一步探讨为什么后税费时期的村级治理主体可以摆脱“赢利型经纪群体”的困扰，走向民主治理，从而在中观层次上与杜赞奇提出的“经纪模式”进行理论对话。在理论上也进一步回应了国家政权建设理论和社会资本理论在中国的适用性和差异性。

（三）概念界定

1. 传统农业村庄

传统农业村庄是指仍然保持着传统小农生产方式的村庄，村庄没有较多的工商业就业机会。农民仍以户为单位开展农业生产，并形成以代际分工为基础的“半工半耕”的家计模式。中西部农村地区多属于这种类型的村庄，中西部地区的农村由于经济欠发达、生产力相对落后，村庄内部没有过多的务工机会，村庄的非农化程度较低，村庄仍属于传统的小农经济社会。农民收入多以农业和外出务工为主，年轻劳动力外流比较多。此外，由于农民卷入市场经济和现代化的程度相对较低，家庭生产也体现出一定的自给自足性，因此，村庄社会仍保持一定的封闭性，传统的价值观念和生活方式仍然留存，村庄仍是一个熟人社会，农民的行为和观念仍带有较强的传统性和地方性。在村级治理层面，由于传统农业型村庄精英大量外流，村庄精英参与村级治理的动力不足。

相对于传统农业村庄，东部发达地区的农村因为城乡一体化程度较高，经济发展程度高，乡村内部的工商业就业机会多，利益资源较为密集，村庄不再保留传统的小农生产方式，农民的非农化程度高，主要从事一些工商业，农民家庭卷入市场的程度较高。同时，农民的生活方式逐渐现代化，村庄开放性强，村庄的传统价值规范也很难起到作用。东部发达地区的农村因为距离大城市群较近，农民就近务工经商的机会较多，在村精英相对较多，村庄多富人，村级治理也表现出大量富人参政的情况。

当然，中西部农村地区也存在较大的差异，在一些大中城市的近郊农村，或者有特殊矿产资源、企业的农村，受惠于城市工商业经济或是自然资源禀赋的优势，其经济发展程度、非农化水平、市场化和城市化程度，乃至农民的收入来源及其阶层分化程度都跟东部发达地区的农村类似。笔者把这类村庄归为东部发达地区的村庄类型，在本书中并不予以考察。它们只属于中西部农村地区的少数类型，传统农业村庄才是中西部农村的大多数。

2. 精英与权威

精英无疑是在不同时空条件下都能占据优势位置和控制优势资源的那部分人。“精英”的本质就是其能掌握和动员的资源比一般人要多，按照精英掌握资源的种类(经济、政治、文化等),可以把精英分为经济精英、文化精英、政治精英等,但这种划分也是比较粗糙的。即使是掌握同类资源的精英,根据资源来源的不同,可能也分为多种类型。比如经济精英既可以是有自身产业基础的"创业者",也可能是因为征地拆迁而暴富的"富人",还可能是有灰黑收入的"社会势力"。并且,精英掌握的资源可能是混杂的,精英的身份也是多重的。有些人可能既是经济精英,也是文化精英。有些精英不仅具备相当高的经济收入,还掌握丰富的政治资源、社会资源等,成为一家独大或是垄断性的"强势精英"。

在本书中,往往以某种原生性的资源或是主导性的资源作为精英分类的主要标准。例如有些富人精英因为自身白手起家、创业致富,日后与各种社会势力有了一定的社会关系,由于其货币财富主要是来源于自身的产业,在这里仍划分为富人精英。而一些社会势力主要是依赖自身的暴力和各种灰黑收入而成为富人,在这里仍把他们作为"狠人型"。此外,本书所指的精英不是绝对意义上的概念,而是一个相对意义上的概念,是指在一个村庄范围内,对于大多数村民来说,在经济、文化、政治、社会上具有某方面的优势。按照此类划分方法,在人口流动、留守老弱占主力的中西部农村地区,"中农"群体逐渐成为在村精英的主力。

本书的精英是一种相对中性的概念,不带有感情色彩和价值判断,只是针对其掌握的资源和影响力,并不指代其具体的行为。与精英相类似的表达还有权威,一般来说权威的概念更为狭窄。权威地位的获得需要村民的认可和信服,需要他们在公共事务中的善行和利他行为来表现。精英是掌握权势资源较多的群体,其精英身份并不需要在村庄公共事务和公益事业中的表现来获得,其掌握的权势资源是依赖私人的经济、社会和政治资本的积累。村庄中的精英变为权威还需要得到大多数人的认可,需要利他行为和公利行为来表现。因此,本书用"权威"来形容中农是要表达"中农"作为一种权势资源较弱的群体,能够形成自身的权威,主要是因为他们的公利行为获得了村民的认可和信服。

此外，本书的权威不是类似于传统绅士等官员所形成的超级权威。当今的权威很难像传统时期一样形成一种超级权势，享有较多的权利，普通民众的经济社会、政治地位都要远低于他们，在他们面前不平等，他们也能在地方形成较为垄断的权威秩序格局。当今的权威大都与普通民众地位平等，他们在地位上和能力上并不高人一等，他们能够获得权威，主要是因为他们在村庄公务中能够保持客观、公正、公平，能够为民众的公共利益着想，从而获得群众的信服和认同。

3. 中农

本书的“中农”主要是指留在村庄中的，一些经济条件较好，有一定体力、技能、才干的青壮年群体。他们的收入来源在村庄中，长期生活在农村之中，利益关系和社会关系也主要在村庄中。他们当中的一部分人有一定的积极性、责任感和能力参与到村庄公共事务中来，而逐渐成为村庄生产生活的中坚力量。他们并没有脱离农业生产，通过占有一定的土地资源和市场机会，在村庄中获得不低于外出务工的收入，从而跟大部分农民群体的收入水平保持一致，成为村庄中的“中等收入群体”。因此，他们能够在村庄中有尊严地生活下去，体面地完成家庭生产和再生产。

他们是一些没有外出务工的青壮年，因为自身的年龄、技能、文化或是身体素质优势成为留守群体中的能人。并且，由于上述优势和条件，他们往往能够成为土地和市场机会的优先获得者。他们由于要照顾家里的老弱病残或是其他原因，无法外出务工，只能依赖村庄社会的资源和机会来获取一定的经济收入。他们依赖土地获得农业收益的同时，一般都有一些副业收入，或是从农村基层市场中寻找一些经济机会，他们可能是种植大户、家庭农场主，也可能开店，做点农资生意，是小商、小贩，当经纪人，开运输车，搞养殖，还可能是村医，农技、农机人员等。他们是“在村的经济精英”，他们的数量在各地的表现不一样，但一般能占到全村的5%～10%。他们中的一部分人在关注自身利益关系的基础上，或是受到集体主义意识形态的教育，或是受到地方共识、文化传统的影响，而有一定的责任心和荣誉感。他们在村庄公共事务之中体现出一定的带头作用，在村级治理中发挥了积极的建设作用。

大部分中农群体在村庄中能过上有地位的生活，能开展广泛的人际交往。他们当中也有少数个别人凭着自己的勤劳和智慧而成为村上的中上层，但也只是属于“小富”状态，并没有与大多数村民拉开明显差距。在村庄社会竞争中，他们往往是村民努力奋斗就可以追赶、企及和触摸的对象。在村庄主力是老弱病残的情况下，这一小部分年富力强的人作为在村的精英群体，就对村庄事务产生了重要影响，并逐渐成为村庄社会有影响力的群体，成为基层政府开展村级治理的重要力量。他们往往是村组干部的重要人选，也是后备干部的主要来源，是基层政府可以依赖和团结的力量。

需要指出的是，学界对这部分群体的称谓不一，概括起来有“中坚农民”“新中农”“中农”等(贺雪峰，2015；韩鹏云，2014；田先红，2013；王德福、桂华，2011)。出现这一局面，主要是由于目前对这部分群体的研究尚在初期阶段。对于这一群体的认知也主要是一种经验描述，缺乏系统的理论研究，对其概念并没有形成统一的认识。本书在具体概念使用上采用“中农”，一方面为了说明他们在村庄阶层分化中的“中间位置”，表明他们是中等收入群体的重要来源；另一方面也表明他们作为农业生产主体的身份。

四、方法与田野

(一) 研究方法

1. 个案研究

本书属于个案研究，运用典型个案解剖的方式来完整展示经验内在的逻辑。个案研究能够较好地理解复杂和流变的经验现象，因而比较适合研究“三千年未有之大变局”的中国农村。早期的个案研究更注重个案本身的意义,并没有过于追求代表性和普遍性。个案研究作为一种地方性知识的关照,是一种探求意义的阐释性科学,而非寻求规律的实验科学(李静,2007)。个案研究作为一种人类学的研究方法,更注重深描的表述方式,“是通过极其广泛地了解鸡毛蒜皮的小事,来着手进行广泛的阐释和比较抽象的分析”(克利福德·格尔茨,1999)。由于个案研究探寻的是社会的复杂性和微妙性,过于侧重对细节和故事精细化的描写及其对符号意义的解读,让个案研究自诞生之初,就面临着科学性和代表性上的责难,个案研究过于关注碎片化的叙事和文化意义的解读,而忽视了更为宏观的关照。

本书所采用的个案研究方法,是经过社会科学工作者反思和提升基础上的个案研究。这里的个案研究并非仅仅是孤立现象之间的描述、比较,而是要在“现象之间找关联,村庄内部提问题”(郭亮,2009),是要在村庄的关键事件和整体经验基础上找出内在的结构性关联。为此,我们借用“过程-事件”和“制度-结构”等分析策略,打破结构主义和建构主义的对立,即借用孙立平(2002)所提倡的实践社会学的分析方式,理解动态的行为实践,也吸取静态的制度-结构的分析路径(郭于华,2006),尝试理解事件和行为主体背后的结构和机制,旨在突破个案的特殊性和现象的复杂性,发现其规律性的东西,属于一种“机制分析”的研究路径,即通过机制分析,发现被限定事件的特定要素如何组合成必然的过程(查尔斯·蒂利、西德尼·塔罗,2010)。机制分析既能很好地展演出过程,又能把事件必然性的因果关系和关联机制揭示出来,机制分析类似于一种事件-结构的分析路径,而非仅仅是一种叙事和现象复杂性的表达,有学者把它总结为一种“结构性叙事”。机制分析是带有贯穿意义的,在动态关系主体的相互作用和具体事件的运作中寻找“结构性的意外”。研究这些动态关系之间的联系、作用关系及终极原因,把握住事物运动变化的规律,从根本上摆脱了那种静态、片段的思想方法,通过对事物现象周密而细致的调查,能够把握微观机制与宏观结构之间的互动及其关系,从而在总体的运动各个环节、中介中把握事物发展的本质，显然它是关系研究的动态综合（于真，1989）。

以村庄为主体的个案研究，能够在村庄场域中对各个行为主体的角色行为、模块化的社会关系、利益资源、符号规则、情感价值、行为及其结果有着更清晰的观察，从而更好地认识问题发生的原因、过程及产生的结果，并从行为主体模块化的关系和结构性影响因素之间的关联分析中，发现规律性的、普遍性的东西，从个案现象层面上升到经验机制层面。也就是通过对关键事件和各个行为主体进行分类、概括、比较，从行为主体的行为及其关系实践来具体了解村庄现象，从机制层面进行事件-过程的因果分析和结构分析，把制度设置、结构规则，乃至行动者的行动资源和行动策略，及其具体的互动实践等要素纳入进来，分析现象背后的机制规律。我们完全可以借助个案的优势，对微观场域之中的要素进行完整、细致的观察，从而达到对问题全面整体的认识。个案研究方法，不是靠自变量和因变量之间的关系来对现象进行分析，它不是简单的线性因果关系，更多的是对事物相关关系和过程事件等复杂因果关系进行的描述和解释。

因此，我们在个案之中可以融合结构主义和建构主义的分析视角，在具体的关系实践中理解事件及其行为主体的创造行为和意外性结果，而非单纯地从外在强制性、约束性条件方面来认识问题和分析问题，也非单纯从行为者的视角出发来认识问题。这样个案研究不仅能从结构层面来分析行动者所受到的约束，也能从行动者的主体能动性方面来了解具体实践中的创新性行为，从而理解理论和政策执行的意外。因此个案研究既能够形成对理论研究的反思，也能成为政策研究的基础。

在本书中，笔者不仅分析由外而内、自上而下的国家建制-制度性的影响因素，也分析由内而外、自下而上的社会建构-结构性的影响因素对村庄治理所产生的影响。在对村庄进行全方位、整体性了解的基础上，对影响村庄治理结构的外在制度——结构性原因和机制进行集中分析。因此，本书在调研内容上，囊括了多个层面，但重点围绕以下内容。

村庄经济分层和村庄社会结构；基层市场状况；村组干部的选举和更替；现任及离退休村组干部的收入构成和家庭支出；红白喜事，人情社交圈子，村庄精英和村级权力关系；村级矛盾纠纷；低保指标和危房指标评选；综治维稳；村庄基础设施建设；村级财政；村级治理状况；乡村两级关系；乡镇财政状况和运作状况；工程老板和项目工程实施等。

鉴于本书主要采用个案研究的方式，本书将介绍具体资料收集方法和分析方法的选用。在具体资料的收集方法上，本书主要是采用民族志研究方法中的实地调研、参与观察、半结构式访谈等方式进行资料收集，后期按照村庄和访谈对象的类型进行了分类处理。在资料分析方法上，本书以个案解剖为主，在个案解剖的基础上进行比较研究，主要利用二手文献等方式进行历史比较和区域比较。

2. 民族志研究

在具体资料的收集上，本书大量运用了民族志中的参与观察法、半结构式访谈，同时进行实地的拍照、会议记录等，并通过乡镇政府获得了一些政府公开的档案材料、政策文件、统计报表等。之所以做一个乡镇的民族志，是为了更好地拓展我们的视野，也可以在一个乡镇范围内对不同村庄的治理状况进行比较，从而更好地认识村庄治理的现状及其规律。

民族志是运用各种形式的实地观察、参与、纪实、采访、记录和本真性描述产生实地研究或案例报告，反映和揭示研究对象的社会、经济、文化群体生活现实以及在这个现实基础上产生的知识和意义。本书的研究以“长时间参与”或以“一对一的访谈”方式收集数据，通过观察和认知，提供有相关意义和行为的客观现实记录，以期得到研究对象的客观认识（李潇，2009）。其中“参与观察法”是民族志方法体系的核心。除了参与观察，访谈也是极其重要的研究手段，访谈可能是有结构或无结构的，可能较为正式，也可以是非正式的。可以通过分析文件、拍照片、录音（影）等方式来收集所需资料。后来民族志的研究方法也被广泛应用到社会学领域，特别是村落社会研究方面（刘朝晖，2005）。

王铭铭（2003）认为，当下的村庄民族志研究更多地局限在村庄中，这就容易忽视很多时空背景，需要将个案放置到更为宏观的国家背景和更为纵深的历史视野之中，来对个案进行深入解剖。朱晓阳（2004）提出的延伸个案法，不仅要收集和调查个案本身，而且要特别注意个案产生的社会脉络或情境，并将其纳入研究的范围，其中要特别注意个案的“前历史”以及个案平息的社会后果。也有学者从空间上加以拓展，例如施坚雅（1998）选择以集镇为中心的市场共同体作为研究单元。由于村庄政治在时空展示上有一定的局限，而县域政治研究则在田野操作时存在困难（吴毅，2007），因此，不少研究者选择乡域作为基本的研究单元，研究单位从村庄政治转换到乡域政治，观察也就突破了村庄个体经验的局限性，具有了地域范围内的普遍意义。这里的乡域政治不是简单地指地理空间上的拓展，而是说时空关系的纵深，乡域政治研究包含乡镇政治、村庄政治及乡镇和村庄互动关系之中的政治（陈锋，2013）。这样村庄民族志研究就拓宽了分析层次和解释路径，在宏观与微观、历史与现实之中来寻找具有普遍性和规律性的结构性因素及变量，能够更为深入地观察和分析微观场域的事件以及如何被宏观层面的结构所影响。

本书吸收上述研究方法的优势，以乡域为研究单位，以村庄经验呈现为基础，通过村庄类型比较，把差异化的村庄经验放在更为广阔的乡域政治中，并从村庄和乡镇，乃至乡镇与国家的互动关系之中来拓深乡村政治中的现象。村庄作为最基础的内部视角，是一个较为完整的场域，仍是我们研究的基本立足点，乡域作为村庄视域的拓展，可以把更丰富的关系主体、更多的因素变量纳入进来，从更宏观的结构来理解事件发生的原因、过程及其结果。我们可以在具体的场域之中理解某一类型村级治理的结构性因素，并通过机制-过程的逻辑分析，理解某一类型村级治理的逻辑。在此基础上理解政治政策和制度框架的规定，如何遭遇现实的碰撞，呈现出不同的治理现象和政治后果。

具体来说，在笔者的调研中，通过吸纳民族志研究方法对村治现象进行系统的观察，并充分吸收民族志"主位"分析方式的优点，从行为主体的视角对一些人物、现象、事件进行阐释性的理解，从外在结构的视角来理解制度、规则共识、资源、结构等因素对村民行为、村庄社会关系和村治主体的影响。因此，在具体的调研对象上本书涉及以下主体：县、乡、村三级组织的干部，村庄精英，普通村民等。笔者的大部分时间花费在村组干部和村庄精英身上，同时，由于笔者住在乡镇之中，可以对乡镇干部进行深入的访谈和了解，以对访谈的信息进一步地进行甄别和补充。此外，也可以从普通村民或一些钉子户、上访户等边缘群体那里获得对村庄人物、事件的看法，从而获得更为丰满、立体的村庄社会关系和村庄治理状况。

3. 比较研究

除了采用个案的研究方法，本书也采用了比较研究的方法，以弥补个案研究的不足。受制于个案研究方法的局限，个案研究的代表性问题始终是一个绕不开的话题。如何使个案研究从小范围内、地域内的"结构性叙事"走向全局性、整体性的"结构叙事"，就成为以社区研究为代表的一批社会科学家所要尝试回答的问题。费孝通认为，社区研究基础上的类型比较就成为认识世界和建构理论的重要方法。将典型个案进行深入解剖，使其具有类型学意义上的代表性，并将不同类型的个案加以比较，逐渐从局部走向整体，达到认识全局的目的。正是这种建立在深度个案研究基础上的类型比较，让质性研究具备了科学认识世界的能力。许烺光(1990)认为，比较研究虽然不能提供精确的衡量尺度，却也可以提供相对的衡量尺度来认识世界。

个案基础上的比较研究要保证其科学的认识能力和对复杂世界的认识、解读，最重要的是两条：一是从类型学和代表性上来了解个案，从结构性关联角度来解读事物或是事件的性质；二是保证不同类型的可比性、抽象性、层次性，从机制层面揭示出其差异性，从而进一步加深对事物的整体认知。个案研究并不是从现象层面对事件进行简单的描述，而是要找出影响个案的“结构性因素(变量)”,正是这些典型个案的结构性因素,使个案具有了类型学上的代表性意义,能够突破个案自身,成为某种个案类型,而不是仅仅作为一种典型存在。个案研究要围绕事件和问题从结构层面寻找事物内在的关联,或是因果关系,或是功能分析范式,找出具有影响某一事件或是结果的结构性关键变量,通过这些关键要素变量之间的关联来加深我们对问题的认识了解。具体到本书所要研究的村级治理问题,就是要找到影响村庄权力结构的结构性影响因素。

因此,本书属于个案研究,又不仅仅局限于个案本身,而是在区域视角下的“个案”,属于区域比较研究下的个案研究方法(谭同学,2007)。区域中的个案,就是一种类型学的建构方式,把个案本身内在的、有机的、整体要素和结构性要素,通过“过程-事件”机制分析等方法,上升到具有一定代表意义的区域内部的现象。这种研究方式不仅是立足于费孝通(1998)意义上的“描画某一地方人民所赖以生活的社会结构,理解某一社会结构的配合原则及其生成的具体条件”,还是超越行政区划和地域的类型建构。立足于区域内部稳定性的、持久性的结构因素来分析个案在区域之中的普遍意义,这里的区域是糅合一个区域内的政治地理、经济形态、社会历史、文化生态的,是一种抽象空间和理想类型意义上综合性的空间区位,这种区域差异的形态划分和类型比较也更贴切历史、地理、人口、经济纵深都比较广的中国,更能达到科学认识中国的目的。

本书以川西平原地区的经验材料作为主要的论述对象,在具体的研究写作上也涉及其他地区的经验现象并加以对比。对于其他地区的经验现象的援引,主要来自笔者之前在全国各地的调研经验,并结合二手资料分析的方式。本书通过分析、比较中西部地区和发达地区的村治主体、治理机制的差异及其原因、结果,进一步把中西部地区所特有的一些治理结构和现象凸显出来。

(二)田野工作

调研地点是笔者基于本书主题和多年的调研实践积累而选择的一个

较有代表性的点。从2010年开始，笔者就持续关注农村问题，并在多地进行调研。在多地的调研实践中，笔者对各地丰富的治理实践和治理类型展开了深入的研究。调研的次数越多，越发现不同地区乡村治理实践所出现的一些共性和特性。通过对这些共性和特性的原因-机理的分析，笔者进一步加深了对不同地区治理实践的理解。也正是笔者在探索不同地区治理实践差异的过程中，发现中西部大多数农村地区的村级治理不同于发达地区，也不同于目前学界分析的精英断层，而是逐渐出现一些新的权威秩序。为了进一步探究中西部地区村级治理中所出现的新的现象和特点是否具有普遍性，笔者选择一个能够代表中西部地区大多数农村特质的“点”，进行深入解剖，并通过“案例解剖-类型建构-类型比较”的研究路径，进一步加深了对问题的认识和理解。

笔者与川西汉镇的结缘始于2015年7月份笔者到川西汉镇进行的为期20天的村治模式调研。在调研中，笔者发现川西汉镇作为一个典型的传统农业型乡镇，却正在形成“中农治村”的格局。川西汉镇是一个农业型乡镇，地形上属于平原和丘陵的过渡地带，平原地区以种植粮食作物为主，丘陵山区以种植经济作物为主。由于地形的差异，农业生产收入、公共品需求、村庄的基础设施建设等也存在较大的差异，这也更方便笔者在一个乡镇范围内观察不同类型的村庄及村级治理的状况。此外，汉镇作为一个农业型乡镇，长期以来一直是全市最贫困的乡镇，靠向上跑要资源来维持乡镇运转。乡镇财政资源十分匮乏，更能体现出乡村治理的难度。而在此过程中，汉镇却依然能够体现出笔者在其他中西部农村地区所观察到的一些治理现象和特点。

在治理资源缺乏、人才又流失的局面下，笔者发现汉镇的村治秩序仍在有效地维持，村干部的更替也在稳定进行，并没有出现断层和无人参政的局面。为深入剖析这一乡镇的权威和治理状况，以更好地理解中西部地区传统农业型村庄的权威和秩序，笔者于2015年8月份再次进入这个乡镇开展调研，并一直持续到当年10月份结束，调研时间累计三个月。

在深入调研的过程中笔者发现，在国家和社会转型的大背景下，“中农群体”已然成为传统农业村庄的权威，他们在维系村庄社会秩序方面发挥着重要的作用。因此，深入调查研究汉镇能为笔者回答传统农业村庄的权威和秩序提供较好的经验素材。

在写作论述上，本书以川西汉镇的经验材料作为主要的分析对象，在具体的研究上也涉及其他地区的经验现象。本书不是要通过一个案例来建立一个供广大农村地区效仿的治理模板，因为它并不一定适合所有的农村地区。但是对这一新型权威及其治理机制、特点以及所产生的治理效益的分析，可以提炼出一些具有共性的问题和解决方法。这对传统农业型村庄建立符合自身条件的科学管理机制是有参考意义的，对中国改革中的乡村治理政策的科学制定也具有参考价值。

第二章 变迁中的汉镇经济社会秩序

强血缘伦理和强价值生产能力的传统社会已经不存在，村庄公共文化生活和传统习俗生活大都已经消失或是异化。由于缺乏传统价值和村舍的价值共识，宗族的团结能力和整合能力不足，家族血缘结构也越加原子化。

本章将从经验层面来描述汉镇村庄经济社会结构的变化，在此基础上认识中农崛起的村庄社会背景。20 世纪 90 年代以后，随着市场经济的深入和农民家计模式的变迁，大量农民外出务工经商，这极大地改变了村庄社会的阶层结构和精英结构，随着富人群体的流失和中等收入群体的大量产生，村庄社会的秩序和交往规则也逐渐被中等收入群体所主导。

一、汉镇概况

汉镇位于川西平原的边缘，地处三县市交界处，属于平原到山区的过渡地带。全镇占地面积为 32 平方千米，东部浅丘约占总面积的 64%，西部平坝约占总面积的 36%。总人口为 19459 人，辖一个居委会，9 个行政村，134 个自然村，详细情况如表 2-1 所示。

表 2-1　汉镇 9 个行政村的基本情况

行政村	总人口	总户数	2011 村集体可支配收入/万元	耕地面积/亩	辖区面积/平方千米
合计	19459	5852	7.83	15425	31.9
P 村	2034	636	0.98	1432	2.6
J 村	3162	975	0.71	2254	3.3
G 村	2282	671	0.62	1798	4.9
E 村	1275	398	0.92	1089	3.1
C 村	1037	328	1.34	987	3.1
S 村	1877	582	0	1116	5.1
H 村	2176	640	1.16	1714	2.8
D 村	3476	1017	1.8	3098	4.3
Y 村	2140	605	0.3	1937	2.7

注：数据来源于汉镇党政办资料（截至 2014 年底）。

汉镇位于川西的东部丘陵区，属龙泉山脉余脉派生的岭冈区。海拔高程在550～750米，由西向东逐渐增高。气候属于中亚热带湿润大陆性季风气候，气候温和，四季分明。常年年均气温为16.3 ℃，极端最高气温为36.9 ℃，极端最低气温为－5.3 ℃。年均降水量为890.8毫米。年日照时数为1290小时，无霜期平均为295天。水利资源较为富足，境内水系发达，主要河流有绵远河，属于都江堰自流灌溉区。主要自然灾害有旱灾、洪灾、滑坡、地震等，夏季常年会有轻微的洪涝、滑坡等地质灾害。2008年5月发生的汶川大地震对本地也产生了一定的破坏作用。

汉镇是一个资源匮乏的乡镇，不仅自然资源不丰富，而且乡镇的财政资源和项目资源也比较少。汉镇有一些页岩、砂石资源，但总体上产生的经济效益比较少，无法给政府带来任何收入，现在砂石资源也被禁止开采，村民和乡镇政府难以从中获利。乡镇政府也无任何集体企业，属于全额补助单位，无任何财政收入及税收收入，财政资源紧缺，大部分村庄的集体经济处于空壳状态。乡镇运转和乡村建设资金只能靠上级转移支付和项目拨付。村级组织的日常运转和村干部的工资也主要靠上级转移支付。乡镇的项目资源从2012年才开始多起来，之前上级的转移支付和项目资源只能维持乡镇的基本运行。

汉镇还是一个纯农业型乡镇，耕地面积为1.6万亩，其中水田有0.5万亩，旱地有1.1万亩，人均耕地约为0.8亩。粮食作物以水稻、小麦、玉米为主。主要经济作物为水果、蔬菜，水果种植面积有2.6万余亩。畜牧业以猪、牛、家禽为主。[①] 当地村民的户均耕地面积维系在2～7亩的规模，一年的收入在1万～5万元不等。由于自然地理环境条件的差异，农业生产的收益不一：丘陵山冈地区水源、道路等条件较差，农业收成较少，种植不便，外出务工的多些；平坝地区的生产条件相对较好，农业收益相对多些，农民的收入整体高些；丘陵地区的农户是以种植经济作物为主，一般是一季柚子，一季桃子、梨子或是玉米、花生等，平坝地区的农户主要

① 数据来源于汉镇党政办资料。

是种植水稻和蔬菜。

从农业生产条件上看，除了 H 村和 P 村的基础设施条件比较完善以外，其他村的基础设施建设均较为缺乏，村民对基础公共品的需求是比较强烈的。H 村和 P 村作为乡镇的两个“典型村”，已经建立了较为齐全的排灌沟渠、提灌站、蓄水池、机井等，农业生产和生活用水都得到了基本保障，村内道路及机耕道也基本上实现了全覆盖。但是，村落其他的农业生产和生活基础设施都比较落后。大部分村庄的水利灌溉不便，已有的灌溉设施大都老化，生产用水比较缺乏，特别是山上的几个村庄。一些村庄的排灌系统不行，经常遭遇洪涝灾害。村庄除主要交通要道是水泥路之外，大部分生产机耕道仍属于土路。农村的公共品建设主要靠一事一议来推进。

在 20 世纪 80 年代末期，汉镇就开始尝试多种路径带动农民致富。首先是借助山地丘陵地形的优势，尝试种植经济作物，进行产业结构调整；其次是开办一些村企和乡镇企业，主要是油厂、糖厂、砖厂、面粉厂等，发展多种副业，大力推广养殖等。但是，因为汉镇的区位优势和资源优势并不明显，没有市场和销售渠道，产业结构调整并不成功，村民一开始种植经济作物的并不多，开办的糖厂和砖厂等也逐渐倒闭，只剩下满足村民基本需求的面粉厂和油厂等。由于缺乏经济发展活力和就业机会，村民从 20 世纪 90 年代中期开始陆续外出务工。随着市场经济的发展和外出务工收益的不断提高，越来越多的青壮年劳动力开始外出务工，只有一部分老弱群体留守在家务农。

由于水稻等作物的种植和生产已经具备了较高的技术含量，农民能够采用机械等来进行收割、施肥、除虫等，劳动强度并不高，一些老年人也完全能够胜任农业生产工作，因此，村庄的很多青壮年劳动力外出务工经商，留下一部分中老年劳动力在村庄中务农，形成了以代际分工为基础的“半工半耕”。近年来，政府借种植瓜果的优势，也在积极挖掘乡村旅游资源，打造一些具有特色的农家体验游活动，兴建农家乐，以发展乡镇经济，吸引更多的人返乡，但由于效益较低，并没有改变农民外出务工的大局。

二、从传统走向现代

（一）碎片化的传统资源

汉镇现在所辖村落的历史有200多年，村落人口的构成主要是晚清以后从湖广过来的移民后裔。当地的村落大都是杂姓村，个别自然村以某个姓氏为主，但总体上每个乡镇村、自然村内部都是杂姓聚居，有二三十个姓氏。这里的村庄既非华南宗族性村落以某个姓氏为主的宗族结构，也非华北的两三个姓氏主导的联合式家庭结构，这个地方大都是姓氏松散的核心家庭结构，亲密纽带一般在父、子、孙的三代之间。宗族式的大家庭联结关系并不强。

虽然村落已经有200多年的历史，但在革命和市场经济的洗礼之下，村庄的传统文化习俗大都消失，村民对家族的历史记忆都比较淡薄，村庄之中也很少有族谱、宗祠的记录，更没有什么规模浩大的祭祖活动，传统历史记忆也在年轻一代出现断层①。家族、村落历史记忆的消散实际上瓦解了传统的家族血缘和村落的认同感，再加上村民在市场经济的影响下，已经产生了一定程度的分化，农民家庭之间的家族血缘纽带已经十分弱化。

日常的社会互动和社会关系的建构越来越重视姻亲关系和后天的地缘、朋友、业缘关系等。强血缘伦理和强价值生产能力的传统社会已经不存在，村庄公共文化生活和传统习俗生活大都已经消失或是异化。由于缺乏传统价值和村舍的价值共识，宗族的团结能力和整合能力不足，家族

---

① 社区记忆是我们理解村庄秩序、探究村庄场域权力构成的基本前提。它是一个村庄的家族势力对村庄权力结构的影响程度。详细参考袁松所著的《富人治村——浙中吴镇的权力实践(1996—2011)》。

血缘结构也越加原子化。显然，传统家族结构和公共规范仪式已然瓦解。当地村民的一些公共活动主要是红白喜事和人情往来项目，特别是红白喜事，算是村民最主要的公共活动。但是，人们在红白喜事上的行为也基本丧失了传统的表达性意义，红白仪式基本上已经市场化，由红白喜事一条龙的服务队承包，村民到场的含义主要是捧个人场和凑个热闹，并不需要互帮互助。自家的亲人主要是子女和兄弟姐妹们来凑钱举办，有钱的就多出，没钱的就少出，看具体商议情况。

人们对丧事也表现出一定的淡然和戏谑，丧失了对老人死去的敬畏。当地的老人死去，会守孝三天，请乐队和道士给老人送行，但是葬礼上人们可以随意打牌，不需要专门披麻戴孝，在当地人眼中，办丧事就是给老人送行，办个仪式表示尽孝，并没有什么悲痛的意味和太多的禁忌，在下葬和抬棺事宜上，子女和亲朋好友们也不需要遵守特别的规矩，亲朋好友能到场最好，不能到场也无所谓。笔者在丧葬上的公开采访并没有引起他们的不快，反而受到一定的欢迎。

虽然村庄传统日益瓦解，但村民尚未完全纳入现代市场经济体系和国家保障体系，血缘、地缘组织仍是村民生产生活和日常互助的重要功能单位。在传统血缘、地缘关系的基础上，利益的关联性和一致性逐渐成为村民加强社会关系的重要原因。

（二）工具化的社会交往关系

在市场经济和现代化的影响下，基于利益关系上的理性认识和社会交往成为现代村庄社会关联的重要形式，在传统家族关系基础上，建构着新的现代型关系。现代型社会关联则强调人们的理性契约关系，基于工具理性的社会行动与社会关系成为主导。杨善华等学者称其为“差序格局理性化趋势”(杨善华、侯红蕊，1999)。社会关系中伦理、情感的一面日渐衰落，而利益、理性的维度日渐增强。也有学者把社会关系进行分层，例如徐晓军(2009)认为：“乡土社会的关系呈现出明显的内核与外围结构，外围已高度利益化，而与之对应的是内核部分高度情感化。”

从汉镇的社会关系结构及关系纽带上看，除了三代以内的血亲有着紧密的情感纽带、伦理责任关系之外，三代以外的血缘关系日益出现理性化、工具性的一面。三代以外的关系建构并非以责任伦理关系为主，更看重的是彼此的利益关系，或者并非注重利益关系，纯粹的是日常交往和娱乐性质的好友关系，并没有附带过多的责任义务，也没有太亲密的关系。外围关系也日益突破血缘关系，更注重一些姻亲关系、朋友关系，或是一些地缘关系和拟血缘关系的建构。特别是经济地位较高的群体，往往与自身利益关系紧密相关的一部分群体形成紧密的交往互动和人情关系。

汉镇大部分村民的互助关系是在小组内部的亲朋好友之间发生的，其中三代以内的帮扶往往重视自身的责任、伦理关系，对自身利益的考量较为模糊。而三代以外的关系，更重视与对自身有利益关系的人的交往，即有帮扶能力的群体。在交往中，农民对自身利益关系的考虑较多。血缘关系超过三代以外的关系较为疏远，并没有太大的责任期待，有些关系往往比不上自己的朋友、生意伙伴、姻亲关系等。汉镇大部分群体除了纯务农的老人群体仍主要是在自身血缘、地缘范围内建构自身的社会关系之外，越来越多的中青年人突破血缘、地缘关系，更注重自身的朋友关系以及市场关系的建构。同时，朋友关系往往也是与自己利益关系紧密相关的群体，在自身的工作、生活互助和情感交流中占据十分重要的位置。同时，越是富有的群体，朋友关系的重要性就越强，工具性的含义也就越强。

在调研对象 LDZ 的亲密关系群体排序中，除了自己的父母、亲兄弟最为重要外，其他的血亲关系的重要性和亲密性差不多。一些朋友关系和姻亲关系在自身的社会关系建构之中占据了非常重要的地位，不仅是自己日常生产生活互助的主要对象，也是人情交往关系和社会互动较为频繁、紧密的群体。

除了自己的亲兄弟必须帮忙之外，甚至借钱不需要他还贷之外，其他人都要仔细考虑要不要帮助。对朋友也是，除了跟自己感情还不错的M，我会毫不犹豫地帮忙、借贷之外，其他的都要针对具体的情况。M是我的好朋友，也比较讲义气，不会占人小便宜。说实话，我还是考虑到自身的利益关系，他没有一定的实力，我俩也玩不起来。有时老婆那边的亲戚关系，还能经常帮得上忙。（Y村3组组长，LDZ，2015/07/10）[①]

（三）传统权威的衰落与现代权威的兴起

传统家族关系的弱化导致传统型权威特别是长老、家族权威很难产生一定的影响力和动员能力，家族的团结能力和集体行动能力弱化了，因此，依赖传统价值和家族力量进行村庄治理的能力更加弱化，家族势力已经成为一种稀缺的权力资源。现代性的影响和国家权力的退出导致财富、暴力而非德行、品行、年龄、辈分成为权力生产的标准，特别是财富对权力生产的重要性越来越重要。这也导致富人、恶霸、灰恶势力的影响力远超出传统的道德型、长老型的权威，在村庄社会结构越来越原子化、碎片化的背景下，个别富人精英、狠人、恶霸也逐渐成为村庄之中有权势和影响力的群体。

汉镇的村庄秩序在一段时间内由一些富狠势力所把持。改革开放之初的汉镇属于穷乡僻壤，整个乡镇比较穷，青壮年都在村里不出去打工，打架斗殴、偷鸡摸狗的事情经常发生。一些年轻人喜欢拉帮结派，四处惹事，再加上这个地方的村民好勇斗狠，因此，这个地方的秩序和治安并不好，村民也难以自我组织起来解决这些问题。不少人故意刁难村干部，不配合村上的工作，村民开展公益事业也比较难。

20世纪80到90年代，村上有很多六亲不认的浑人，聚众打架斗殴、偷鸡摸狗的很多，现在大家都出去赚钱了，谁还在村里犯浑。那时穷，才在窝里横。（乡镇副镇长，TZZ，2015/07/11）

---

① 此处“（身份，XJH，日期）”指的是访谈资料来自笔者的田野日记，特此说明。

为了完成农业税费的收取，乡镇干部开始吸纳一些更加蛮横的“狠人”，更为强势的“富人”到村级组织之中来制服这部分“惹是生非”的年轻人，以完成收取农业税费、执行计划生育等任务。然而，这部分“富狠”群体随着市场经济和城市化的持续深入逐渐外出，特别是富人群体，他们在村庄中难以获得利益空间和发展机会。村庄之中强势群体的外出也导致村庄的权威秩序发生了很大变化，一部分“在村”的中等收入群体力量逐渐崛起，维持着村庄的正常运转。

我们生产队有 4 个院落——林家、罗家、夏家、刘家，摆成了 4 个方阵，当小组长的出自哪个院落不要紧，关键是找个有威信的，大家比较公认的，做事情比较踏实，不会吊儿郎当的，年纪无所谓。这年头哪还讲什么亲戚不亲戚，能够做事就行，村干部也一个样，谁有能力谁去当。（Y 村 3 组组长，LDZ，2015/07/10）

三、汉镇的阶层结构

自改革开放以来，随着市场经济的深入影响，农民之间的分化不断拉大，在经历了剧烈的变革之后，村庄社会结构也保持了一定的稳定状态，体现为“半工半耕”（黄宗智，2006）家计模式下庞大中等收入群体的产生。

（一）中等收入群体主导的阶层结构

2000 年之前，务工经商的农民毕竟是少数，且外出务工的收入并不高，农民并没有大量外出。2000 年以后，随着务农收益的持续降低和外出务工收益的不断增多，大量农村劳动力开始外流，一小部分经济能人凭着能力和机遇成为村庄中的富豪，并带动自己的家人和亲戚一起发展；一小部分农民则因为家庭变故、身体疾病等个人原因，无法外出，也没有在基层市场之中拓展自己的收入来源，只能依赖一部分务农收益保证自己的温饱，逐渐沦为村庄中的下层。村庄之中的大部分村民靠着务工和务农的两份收益来维持家庭的生产，他们既不像村中的经济能人，能够抢占市场先机，发家致富，也不像村中的一些底层人员只够温饱，他们能够在村庄中过上温饱有余的体面生活。按照家庭年收入水平，我们可以把村庄的经济分层划分为 3 个层次：富裕群体、中等收入群体、底层群体①。汉镇的阶层结构详见表 2-2 所示。

表 2-2　汉镇的阶层结构

村庄	富裕群体	中等收入群体		底层群体	总计
	富裕阶层（家庭年收入大于20 万元）	中上阶层（家庭年收入为 10 万～20 万元）	中下阶层（家庭年收入为 3 万～10 万元）	贫困阶层（家庭年收入在 3 万元以下）	
D 村	30 户，2.9%	102 户，10.0%	716 户，70.0%	175 户，17.1%	1023 户
G 村	24 户，3.4%	67 户，9.4%	548 户，76.7%	75 户，10.5%	714 户
H 村	26 户，4.0%	77 户，12.0%	480 户，75.0%	57 户，9.0%	640 户
C 村	9 户，2.7%	29 户，8.8%	225 户，68.6%	65 户，19.9%	328 户
Y 村	15 户，2.5%	30 户，5.0%	435 户，72.0%	124 户，20.5%	604 户
P 村	19 户，3.0%	63 户，10.0%	464 户，73.0%	90 户，14%	636 户

资料来源：结合乡镇统计站数据和村民采访得出。

上述阶层划分是笔者结合当地村民和村组干部自我评价标准来界定的，对于当地的村民来说，家庭年收入超过 20 万元就属于村中的富人，也就是村民口中的“有钱人”；大部分农民年收入在 3 万～10 万元，在农民眼里就是“一般户、温饱户”，在这个标准范围内的农户，彼此并没有什么太大差异，收入来源和生活消费标准都差不多；年收入在 10 万～20 万元的，比普通农民生活水平稍微好些，但也都是比较勤劳、辛苦的农户，属于小康户和普通户的差异，对农民来说，这个收入的群体生活水平也并没有

① 此种划分方式，既是结合农民的实际收入状况、生活消费水平差异，也是结合农民自身对自己的评价。

好太多，也比较注意节俭。年收入在3万元以下的群体，在村民眼里就是"混得不行"的底层群体。需要指出的是，收入单位是按照父子两代的大家庭单位来计算的，当地村民一般把父子两代人的收入加起来作为一个家庭的收入。父辈一代的收入主要是来自务农，子辈一代的收入主要是来源于务工收益。因此，在全国劳工市场较为平均的工资水平下，占有土地等生产资料的多少以及外出务工劳动力的多少往往就决定了一个家庭的收入水平。当地居民和村组干部在预算一个家庭的收入水平时，往往是根据土地的多少、副业经营、劳动力的状况来预算一个家庭的总收入。

表2-2中的统计数据是笔者根据乡镇统计办所提供的资料，结合各个小组长和村委干部的数据统计得出来的大致结果。对所有的村庄阶层分化进行取样，对笔者来说是一项巨大的工程，因此笔者抽取了几个有代表意义的村庄。由于同一个乡镇范围内的大部分农民家庭在家计模式上有一定的相似性，保证了笔者可以选择几个具有代表性的样本进行分析。样本的选择依据主要是地形环境和距离乡镇的距离远近，因为这些决定着农民家庭的种植结构、生产条件和市场环境。D村和Y村属于远郊平原村，以种植粮食和蔬菜为主；H村和P村属于近郊丘陵区村落，主要种植果树；G村和C村属于远郊山区村，主要种植杂粮作物和果树。从村民平均的收入状况和消费水平上看，H村和P村村民的生活水平整体好于其他村庄，D村和Y村次之，G村和C村最差。

富裕群体主要是指外出务工经商比较成功的群体，这部分人家庭的年收入在20万元以上，在外办厂、包工程或是做生意，收入状况还不错。一般年收入在20万元以上算是村庄中较为富裕的阶层，他们当中也有些百万、千万元级别的富翁，主要是少数的建筑工程或其他行业的老板，属于超级富豪阶层。总体上而言，这部分群体占比在村庄中达到3%左右。这些人一般在城里买了房子，定居在外，常年不在村，属于"不在村精英"，对村庄的人情往来和村庄生活的参与比较少。但因为自己的父母或是亲戚仍在村庄，与村庄还保持一定的联系，必要时还会对村级公益事业作出一定的贡献。

中等收入群体年收入在 3 万～20 万元。这部分群体在乡镇之中能够占到总户数的 80%左右，我们又可以将这部分群体分为中上阶层(年收入在 10 万～20 万元)和中下阶层(年收入在 3 万～10 万元)两类。中上阶层所占的比例在 10%左右，在打工经济的背景下，大量的年轻人选择外出务工，一些技工性人员、高危性人员、种养殖大户、有点经商头脑的人、壮劳动力比较多的家庭能够在外获得较高的收入，从而成为村庄中收入较高的群体。除个别能够在城市定居外，大部分群体由于工作不稳定，难以支付在城市定居的生活成本，他们仍在城乡之间往返，依赖土地来养老、照顾孙辈等，大都打算晚年再回村庄，因此，他们整体的生活仍然在村庄中展开，外出务工只是暂时的。

中下阶层是村庄中的普通农户，大部分农民家庭位于这一层次，占到总户数的 70%左右，不同村庄的比例在这个范围内上下浮动。这一阶层的农民家庭主要有务农和务工两种收入来源，一年的收入能达到 3 万～10 万元。对于这部分农户而言，一般年轻夫妻外出打工，父辈则留守在村庄务农，或者是丈夫外出务工，妻子在家负责照顾老人和孩子。这部分农户对土地的依赖性仍然比较大，尤其是老年群体以此作为自己养老的保障。务工收益是家庭运转的主要资金，务农的收益虽然并不大，却能够保证小农家庭以较低的消费和生活成本在村庄中生活，也是老年人养老的基本保证。进城务工和在村生活的“开源节流”的家庭生产生活方式，保证了农民家庭能够在村庄中体面地完成家庭生产和再生产。

中等收入群体之中，按照在村庄中还是靠打工获得主要收入，可以把这一部分群体又分为两类：一类是外出获取收益的“中等收入群体”；一类是在村获得收入的“中等收入群体”，也即在村的“中农”。在村的“中农”，指的是部分青壮年群体因为照顾家里的老弱病残或是其他原因，无法外出务工，只能想办法在村落里获取一定的经济收入。他们中收入较高的与外出务工的技术性人员或是高危人员的收入差不多，他们依赖土地等生产资料，依赖农村基层市场提供的经济机会，种植一定规模的农作物、开店做生意、当经纪人、开货车、搞养殖等，他们是留守在村庄中的中等收入群体。

村庄中还有一部分底层群体，他们的年收入维系在3万元以下，这部分人在各村的比例也不相同，但大致能够占到15%。他们大都是一些老弱病残，丧失了劳动能力，只能依赖土地或是在附近打点零工为生。家庭缺乏劳动力是他们成为贫弱阶层的主要原因。他们当中大部分人有农副业的收益和打小工的收益，能保证解决温饱问题，只是在消费层面上，无法获得村级体面生活所必要的收入，从而被认为是生活相对较差的阶层。

我们村资产上亿(元)的有1到2户，一个搞砂石公司，一个搞运输公司，百万(元)以上也就个别工程老板，这部分有钱人都搬家了，基本不在村里了。年收入10万(元)以上的能达到20%左右，主要是打工比较厉害的，包工或是做各种生意的。有的两口子打工，一年也能有10万(元)以上收入，有的厨师一年能赚20万～30万(元)，稳当得很，这部分家庭的不少儿女开始进城买房了，老人家都在村上。也有没进城的年轻人，大部分是中等家庭，好一点的年收入能达到5万～10万(元)，占30%左右，要么种地、打工，要么种地、经商。壮劳动力少点的赚个3万～5万(元)，能占40%，主要是打工、种点庄稼。其他的都是贫困户和低收入家庭。(P村村主任，XZR，2015/07/15)

(二) 中等收入群体主导下的村庄社会交往

由于大部分农民家庭主要是以代际分工为基础的“半工半耕”的生计模式，在平均的劳动力市场价格和平均的土地规模的限制下，大部分农户家庭的收入分化并不大，村庄的阶层结构也呈现出庞大的“中等收入群体”特征。庞大的中等收入群体的产生对农村社会交往形式、村民的面子竞争起着重要的作用。他们在村庄中也发挥了一定的整合作用，能够维系不断流动和分化的村民关系。

村庄富裕群体有足够的经济实力在城镇安身立足，他们逐渐走出村庄，实现城镇化，并不参与村庄的消费竞争和人情交往。村庄社会竞争规则的制定者大都是中等收入群体中的一部分中上层群体，由于中等收入群体的村民收入水平差异不大，也都存在相似的消费需求和人生任务安排，他们在整体的社会关系互动中能够从自身的实际情况出发来制定竞争规则，从而使得村庄消费和人情竞争维持在中等收入水平的规模，而非富人的消费水平。这也让村庄中的大部分人能够通过自己的劳动获得有尊严、体面的生活，不会因为难以追赶富人的标准而在村庄中抬不起头来，没有面子参与村庄的消费竞争，也不会有太大的压力。

汉镇的家庭结构一般是 3 代人组成的联合家庭，每户 4～5 口人的规模，按照中下阶层和当地大多数人的收入水平和消费水平来说，一般年收入在 3 万～5 万元的 3 代家庭，5 口之家的户均年消费在 2 万元左右，最主要的是日常的吃、喝、用、行等日常消费和人情消费等核心消费[①]，吃喝在 1.5 万元左右，人情开支在 5000 元左右。年收入 5 万～10 万元的群体基本生活开支在 3 万～5 万元，主要是衣、食等生活消费质量上的增加，但总体上看，年收入在 3 万～10 万元的大部分农民家庭的基本开支差异不大。而与中上阶层相比，年收入在 10 万～20 万元的群体，消费差距主要体现在汽车和休闲等边际消费上，每年的消费会因为多余的汽车保养、油费和休闲娱乐而比普通农民家庭多出 2 万～4 万元。

H 村 3 组的某水果贩子，年收入在 8 万～10 万元。家里老年人一天消费 20 多元，一个月 700 元，老人自己种地，收入归老人自己。几代人住在一起，但吃的分开，老人不喜欢后辈的饮食习惯。家里有个女娃在镇上上学，全家人一年的吃喝花费也就在 2 万元左右。偶尔会带着娃娃去周

---

① 龙斧将中国家庭消费的结构划分为“核心消费”“日常消费”和“边际消费”。核心消费指消费者的必需、必要和必然消费，即消费者已经面对的消费负担，如住房、教育、医疗和社保。日常消费指家庭、个人日常生活必需消费，如衣食、交通、通信、日用品等。边际消费指满足前两种消费后的选择性消费，如奢侈、享受、偶然型消费等。详细参见龙斧、王今朝的《核心消费决定论——从市场与消费的结构性扭曲看中国内需不足的根本影响因素》。

边耍耍，一年3～4次，一次花2000～3000元，一年也就1万元。再加上油费、过路费花1万～2万元，一年开支4万～5万元。差一点的家庭就不出去耍，也没有车子，开销比该户少些。（H村6队普通村民，YZR，2015/08/09）

对于大部分农民家庭来说，一年在吃喝上的开销基本在2万元以内，日常消费水平的开支并不高，人情开支也基本在1万元以内，人情费一般每次开支在400～600元。特别是老年人群体，他们基本没有什么人情开支，只有一些基本的衣、食、住、行、用的开支，如果没有什么大病，一年全部的花销也就在0.5万～1万元。对于大部分农民家庭来说，更为明显的消费差异则体现在建房、买房和置办婚礼等“核心消费”项目上。一般来说，普通的农民家庭的结婚开销一般在20万～30万元，中上阶层的家庭办婚礼在30万～40万元，再好一点的超过50万元[①]。汉镇的婚礼消费层次如表2-3所示。

表2-3　汉镇的婚礼消费层次

收入阶层	下层	中下阶层（年收入在3万～10万元）	中上阶层（年收入在10万元以上）
房子	旧房装修花费1万元左右	建新房，花15万～20万元（或是花10万元左右装修旧房）	建房的开销在20万～30万元，也有个别在外买房的，房贷有15万～20万元
彩礼	2万～3万元	2万～6万元	6万～10万元
酒席	1万～2万元（一桌400元左右，一般20～30桌）	2万～3万元（一桌800元左右，一般20～30桌）	办酒席、婚庆花费5万元（1000元/桌，30～50桌）
总开销	5万～6万元	20万～30万元	30万～40万元

① 资料来源于调研笔记，再结合对各个村组干部的访谈整理而得。

续表

收入阶层	下层	中下阶层（年收入在3万～10万元）	中上阶层（年收入在10万元以上）
备注	这类群体占比较少，主要是低收入的群体。儿子娶媳比较难，也比较晚，做上门女婿的也比较多	这部分群体占比例最多，能占到70%以上	这部分家庭不断追求高婚礼配置，一般有车、有房，婚庆、酒水高档，父母还要给儿子还车贷5万元左右。这类群体比较少，一般也就占到5%～10%

注：数据是笔者结合不同收入水平的家庭消费开支以及一些村民的访谈而整理得来。

总体上，农民家庭的儿女婚礼花销都要超过家庭自身的经济实力，家庭会处于暂时负债状态，需要找亲朋好友借贷，父子两代会在接下来的几年里逐渐还清借款。特别是底层群体，一年的收入只够支付家庭的基本生存需求和基本开支，在一些婚礼等消费项目上更需要亲朋好友的帮扶。在较为密切的熟人社会和血缘纽带下，大家都能相互帮助渡过难关，中等收入群体也往往是底层群体求助和借贷的对象。

虽然大部分农民家庭都要经历这个阶段，但是因为不同农民家庭的生命周期并不是同步的，彼此之间可以在对方有所结余的时候相互接济帮扶，特别是找一些家庭条件比自己好的兄弟姐妹或个别要好的朋友，度过家庭花销开支最大的阶段。因此，这些消费开支项目也都在农民接受的范围之内。此外，村庄内部冒尖户的一些消费行为，并不会引起大多数村民的盲目模仿，大部分家庭无力追赶富人的消费行为，因为他们大多为儿女们的婚姻背负着借贷的压力。小部分中上阶层也不例外，并且这部分群体比起普通村民来说，经济实力并没有好太多，他们对超前的消费行为也比较节制。

财富虽然对人们的关系圈子和权力地位越来越重要，但因为大多数村民的收入水平差不多，在消费竞争上并不存在太大差异，经济社会地位也不会产生太大差距。这就让收入不高的普通农民，特别是中等收入群体中的一些在村"中农"，在自身收入水平下就可以建构社会人情关系，有一定的经济社会地位，能够在村庄中积累自身的权力和社会关系资源，并且这部分在村的"中农"，因为自身在年龄、身体素质、文化技能、市场信息等方面的优势，而成为村庄社会的能人。在人、财、物不断流出的背景下，他们也逐渐成为主要的村治权威。仔细研究这部分在村"中农"的收入来源和经济社会特征，笔者发现，他们成为村庄权威秩序的守望者并不是偶然，他们的产生与村庄社会的发展变化有着紧密的关联，他们也有较大的意愿参与村庄社会的公共事务。

第三章 中农群体的崛起

中农群体的产生是农民的流动、分工和农村土地等资源要素重组的结果，他们在村庄中有一定的经济社会地位和影响力，也能在村庄治理中发挥重要的作用，从而成为城镇化进程中坚守在村庄的"中坚力量"。

本章主要从农村经济结构和农民家计模式两个方面来论述中农群体产生的经济社会基础和经济社会特征。在市场经济中，村庄中仍有一部分经济机会和资源空间。这些机会和空间是在村的青壮年劳动力获得生活来源，满足家庭生产需求，成为中等收入群体的经济基础，也是他们获得自身经济社会地位和公共影响力的经济基础。

一、中农群体产生的经济基础

汉镇常年在村农民群体的生存机会结构分为两大类：一类是从事与农业生产有关的农林牧副渔业，主要是在生产环节获利；一类是在农业生产的上、下游环节获利，以及一些与农民生活有关的商贸服务项目上，主要是在流通、消费环节获利。从农民家庭自身的机会结构来看，他们可能以一种职业作为自己的收入来源，也可能是多元兼业，对于大部分在村的农民家庭来说，一般是"半农＋"的多元家计模式（陈靖，2013），由于土地规模小，农业生产又具有季节性特点，且农业生产日益机械化和现代化，农民能腾出更多的时间和劳动力从事其他行业。特别是对于一些留守在村庄的中青年农民来说，他们在从事农业生产之余，可以利用闲杂时间和零碎时间来从事其他的商贸服务业，或就地打工等，并从中获得一定的经济收入。因此，农民的家庭经济形态更多地呈现出一种多元兼业的收入模式。对于汉镇的村民来说，在村庄层面的机会结构主要是第一大类，从事与农业生产有关的农林牧副渔业，主要是在生产环节获利；少量的从流通、消费环节获利。而在乡镇层面的生存机会结构上，则主要是在流通和消费环节获利。

（一）村庄层面的资源空间与机会结构

在村庄层面，土地是主要的生产资料，农民的获利机会主要是一些农副业。汉镇每个村都有自发流转土地的情况，有一部分耕种适度规模土地的种植大户。此外，村庄中还有一部分养殖大户、从事商服行业的农户或是“多元经营的兼业小农”，他们可能是“半农半副”“半粮半经”“半耕半雇”“半农半商”（陈靖，2013）。以D村为例[①]，D村有19个小队，1023户，共3420人，全村可耕地面积有2700亩，还有一些荒地和低洼地，加起来全村有4000亩的土地，户均可达2～3亩的土地规模。

从常年留守在村庄的人群特征和家计模式来看，村庄形成了“少量青壮年群体＋留守老弱”的结构。村庄中的留守人口占全村人口的比例为60％，其中大部分是老弱妇幼群体，这部分留守群体主要耕种自家的土地，以粮食作物为主，个别种点蔬菜，养点鸡鸭供自己食用。他们一般有2～7亩规模不等的土地，种植模式主要是“半粮半经”，种植一季粮食作物，一季经济作物（或是根据生产条件来安排），他们当中身体不错的还会在附近打点零工，一年能获得1万～3万元的收入。

20～50岁的青壮年劳动力[②]，留守在村的一个队大约有10个，全村差不多有200个，这部分留守群体占到全村人口的5％～6％，占到留守群体的10％左右。除了个别身体残疾或有其他缺陷的人外，这部分青壮年群体大都成为留守在村庄的经济精英，户数达到50～60户，他们有些是种植大户、养殖大户[③]，有些在村庄和乡镇范围内从事多种兼业。D村的种植大户有10来户，种植规模一般可达到7～20亩，有3户的种植规模达到40～50亩[④]，他们主要是种植粮食，兼种一些蔬菜、大豆等经济作物，农业管理以自家劳动力为主，种收环节会雇少量工。养殖户有10多户，其中4户养猪、5户养牛、个别承包鱼塘。养猪的除了一户养殖规模

---

① 以下D村的数据资料主要是由对村委、小组长和个别村民的访谈中汇总的，特别是对各个小组长的访谈。

② 这里主要指男劳动力。

③ 这里的“大户”，不是资本大户，而是以小农家庭为单位的适度规模的种植户、养殖户，以家庭劳动力为主，少量雇工。

④ 这3户种植大户，其中一户是流转本组熟人的土地，他们组的水利条件比较差，大部分农民都已把土地租出去，一户是流转自家亲戚或兄弟姐妹（进城做生意的比较多）的土地，一户流转的是村集体的一些荒滩地。

在100～200头之外，其他大都在20～30头。养牛的规模也都在20～80头，但都是在家庭劳动力可承受的范围内。村庄中还有不少人作为商贩、经纪人、司机、小包工头等存在，也有开商铺的。这部分青壮年群体一年的收入在3万～8万元，也有少量收入在10多万元的农户。因为村庄中大部分青壮年劳动力都出去务工了，这50～60户的在村精英就成为村庄公共生活中非常重要和有影响力的群体。

一般说来，在村的农民主要是以种养殖户比较多，再就是在附近打点零工，以D村2队的情况为例，D村2队在家的青壮年劳动力也算比较多的。该队有44户，共150人，55岁以下在家的男劳动力有15人，能占到全队总人数的10%。表3-1为D村2队部分中农群体的收入状况。

表3-1　D村2队部分中农群体的收入状况

序号	家计模式	户主年龄	非农年收入	种植年收入
1	种地＋开车（2组组长）	51岁	十来万元，开拖拉机	种了1亩水稻，其余的地送给兄弟种了，父母年龄比较大无法种植
2	养羊＋种地	36岁（残疾人）	2万元左右，10头羊收入	种植2～3亩水稻＋蔬菜，收入约1万元
3	养羊＋种地	32岁	5万～6万元，20多头羊收入，外加对外技术指导收入3万～4万元	种植2亩多地，一季蔬菜，一季水稻，2万元收入，主要为父母种植
4	养鸭＋贩鸭＋种地	40岁	十来万元，鸭子1000只及贩鸭收入	父母在家种水稻2亩
5	养鱼＋种地	44岁，儿子22岁（在村）	6万～7万元，3～4亩鱼塘收入	13亩，流转十来亩土地种菜，收入为1万～2万元

续表

序号	家计模式	户主年龄	非农年收入	种植年收入
6	打工＋种地	48岁	2万～3万元，外加附近修沟渠1万元收入	种地2～3亩，水稻＋蔬菜收入为1万～2万元
7	打工＋种地	42岁	5万～6万元，其中就近做砖瓦工收入3万～4万元	父母种2～3亩地，蔬菜＋水稻，1万～2万元收入，妻子打小工收入1万元
8	打工＋种地	47岁	4万～5万元，其中做砖瓦工收入3万～4万元	种植2～3亩蔬菜＋水稻，收入为1万～2万元
9	打工＋种地	51岁，儿子31岁（在村）	5万～8万元，父亲当小工；0.5万～1万元为儿子当小工收入，儿子当厨师收入3万～4万元	种植2～3亩蔬菜＋水稻，收入为2万～3万元
10	打工＋种地	52岁	1万～2万元，当小工收入，额外还有0.5万～1万元其他收入	种植2～3亩蔬菜＋水稻，收入为1万～2万元
11	种地	50岁（残疾人）	2万元	妻子有精神疾病，种植2～3亩蔬菜＋水稻，收入为1万～2万元
12	种地	53岁，儿子17岁（在村）	2万元	儿子智力低下，种植2～3亩蔬菜＋水稻，收入为1万～2万元

注：资料根据对D村2组的组长、组上的普通村民、村主任的访谈整理而来。

（二）乡镇层面的市场空间与机会结构

由于乡镇的主要功能是发挥集聚效益，满足村民在农业生产上下游环节和基本的生活服务方面的需求，因此，整个乡镇层面的机会结构主要是在流通和消费环节上。在村庄范围内，土地是最重要的生产资料，农副业是农民家庭生计的基本来源；而在乡镇范围内，主要是一些商贸服务业。汉镇属于农业型乡镇，经济地理区位优势并不明显，工业企业比较少，只有个别加工企业，能够提供给农民的工作机会比较少，能吸纳 400 多人。乡镇上的服务业主要是建筑队、红白事服务队、运输司机、农机、电工、木工、钻井等技工，以及村医、老师甚至村干部等基本公共服务人员，他们提供一种流动性的服务资源，满足乡镇人民的生活所需。

食品加工厂 2 个，饮料厂 1 个，管件厂 1 个，化肥厂、酒厂 3 个[①]。办厂的并不一定是当地人，甚至主要是外地的资本，但是厂里的雇工主要是当地人员。这些加工企业规模并不大，属于当地的一些私人老板或是政府的引进项目，工厂的效益并不高，无法容纳太多务工人员。（乡镇统计站长，YS，2015/08/21）

乡镇上的经济机会主要是一些工商网点，镇上大约有 230 多个“法人”[②]，属于全县法人单位最少的乡镇，主要是个体工商户[③]，村里也有一些工商网点，参照表 3-2。

表 3-2　汉镇的商业网点

工商网点	数量/户	备注
集贸市场（有固定摊位）	108	从业人员来源于乡镇各村的村民，以种养殖大户和老年人群体为主

① 乡镇统计站的资料。

② 指有正经摊位和商铺的商户，集镇上还有很多零碎的散户，有本乡镇的，也有附近乡镇的，大都是附近的小农将自己的农副产品和手工品带来交易的，这部分并没有官方统计数据，也难以统计。这些商业网点成为老弱妇幼、一部分青壮年群体添补家用的重要方式。

③ 全镇的商业网点和法人企业总共有 300 多个，属于全县最少的，全县法人单位最多的乡镇有 7000 多个法人单位。

续表

工商网点	数量/户	备注
服装店	16	—
副食品店	8	—
熟食店	4	—
榨油坊	1	—
理发店	11	—
农资店	4	—
超市	10	3 个大型的（占地 50 平方米以上的），小商店有 7 户
卫生站	6	其中包括 3 个药店
网吧	2	—
金银首饰店	1	—
粮食厂	1	—
饭店	18	包括一些早餐店
茶馆、麻将馆	10	—
装修门市	6	—
家电商	3	—
车行	10	卖自行车的有 2 户；卖电瓶车的有 4 户；卖汽车的有 1 户。修自行车、汽车、摩托车的有 3 户
红白事服务	5	婚庆有 2 户；白事花圈有 1 户；照相馆有 2 户
农用机械店	2	—
打印店	1	—
干洗店	2	—
通讯、手机卖点	4	—
总计	233	—

注：资料来源于乡镇统计站 2014 年的统计数据。

此外，除了乡镇，在村庄内部也有一些商业服务网点，但这些网点很少，参考表 3-3。

表 3-3　村庄层面的商业网点

村内网点数量/户	副食店/户	麻将、茶馆/户	餐饮、娱乐/户	卫生站/户	其他
G 村:8	4	4	—	—	—
H 村:11	3	5	3	—	—
Y 村:14	3	10	—	1	—
D 村:27	8	12	—	1	修车 1 户,理发 1 户,火三轮 2 户,粮食加工厂 2 户
S 村:8	3	5	—	—	—
C 村:6	1	4	—	—	理发 1 户
P 村:20	4	7	1	2	修车 2 户,修鞋、农资 2 户,家电、厨卫、建材 2 户
E 村:6	1	5	—	—	—
J 村:4	3	1	—	—	—
总计:104	30	53	4	4	13

注:资料来源于乡镇统计站和对各村干部的实际调研。

二、不同家计模式的农户与村庄社会关联

(一) 农民分工与兼业模式

从农民的家计模式来看,中农群体的产生并非偶然现象,而是一定经济、社会结构和制度性机制共同作用的结果,是城乡二元结构下农民分工与资源流动的结果,也成为一种较为普遍的现象。市场经济的兴起,农村的土地制度等社会保障制度,以及以血缘、地缘为纽带的村庄共同体,共同保证了小农家庭可以在城乡之间和村庄范围内实现土地、劳动力等资

源的优化配置，能够在一定的亲密关系范围内进行职业分工、资源流动和社会分工。农民从土地上获得生存保障资源的同时，也通过市场机制来增加自己的收入来源。按照劳动力市场对年龄、身体、性别的要求，形成了年轻人外出务工，中老年人在家务农，以代际分工为基础的"半工半耕"结构(贺雪峰，2013)，以最大限度地获得务工和务农两部分收入。这种以家庭内部劳动力的分工，按照家庭生命周期，结合劳动力市场的需求，在城乡之间往返流动的群体成为大部分农民家庭的现状。中农群体就是在农民分工和资源流动过程中，通过对土地等资源的使用和一些经济机会的占有而产生的。

20 世纪 80 年代以来，我国逐渐形成了通过市场来配置资源的方式(孙立平，2002)，人口、土地、劳动力、资本等生产要素逐渐在不同层次、范围内流动，小农家庭在参与市场的过程中，自身也不断地根据家庭情况进行优化配置和调整，以实现家庭经济社会效益的最大化。半工半耕结构下的多种分工方式和兼业模式，本身就是农民家庭与市场互构的结果。农村的土地制度和户籍制度限制下的市场配置机制，形塑了农民家庭的多种分工和兼业模式(廖洪乐，2012)。农业农村部农村固定观察点办公室曾经依据农户收入构成将农户分为 4 类：纯农户，Ⅰ兼户，Ⅱ兼户和非农户[①]。也有研究依据农民的从业性质、收入来源和居住地点将农户划分为五大类型：纯农户，兼业户，半进城户，进城户和不务农的在村农户(孙新华，2012)。笔者结合上述划分方式，按照农民占据资源和市场的机会以及收入来源，将农户分为半离土离乡、离土不离乡、不离土离乡、离土离乡等类型。表 3-4 为汉镇农户兼业模式。

① 纯农户指农户家庭中劳动力以从事第一产业劳动为主，第一产业收入占家庭纯收入 80%以上的农户(含 80%)。农业兼业户(Ⅰ兼户)指家庭劳动力既有从事第一产业劳动也有从事非农产业劳动，但以第一产业为主，第一产业收入占家庭纯收入 50%～80%的农户(含 50%)。非农业兼业户(Ⅱ兼户)指家庭劳动力既有从事第一产业劳动也有从事非农产业劳动，但以非农产业为主，第一产业收入占家庭纯收入 20%～50%的农户(含 20%)。非农户指家庭中劳动力以从事非农产业劳动为主，第一产业收入占家庭纯收入 20%以下的农户(不含 20%)。

表 3-4　汉镇农户兼业模式①

单位	农业社数/个	汇总农户数				
		合计/户	非农兼业户/户	农业兼业户/户	纯农户/户	非农户/户
P 村	11	648	255	235	128	30
J 村	18	955	224	376	271	84
G 村	24	667	474	148	33	12
E 村	10	408	216	126	59	7
C 村	10	385	212	90	75	8
S 村	18	577	283	199	90	5
H 村	13	636	337	246	33	20
D 村	19	1109	688	249	149	23
Y 村	11	605	345	179	66	15
合计	134	5990	3034	1848	904	204

注:数据来源于汉镇统计站资料,统计单位以户籍为标准,不同于表 3-4 以父、子、孙三代为标准的大家庭统计模式。

1. 半离土离乡的农户

半离土离乡的农户指的是家庭劳动力一部分在村务农,一部分外出务工。在村务农的可以是纯农户,也可以是一边务农一边在附近打点小工的农户。外出务工的可以全年在外务工,也可以农忙时回家帮忙,农闲时再外出打工,这种兼业户是大部分农民家庭的经济形态,主要依托全国劳动力市场和农户家庭自己的土地资源来获得自身的经济机会。实际上务农的收益是较少的,即使在家务农的农户可以在附近打点零工,由于基层市场的劳动力价格较低,零散务工的收益对家庭收入的贡献不大,只能

① 农户的兼业模式分类按照农业农村部农村固定观察点办公室的标准进行。

贴补家用，降低生活成本。这类农户多以经营非农产业的外出“Ⅱ兼户”为主，这类兼业农户模式一般有1万～2万元的农业收入，3万～10万元的务工收入，也有务工收入在10万元以上的，但属于少数群体。一般家庭的务农收益占家庭生产收入的10%～50%，尽管务农收入较少，却是兼业户家庭收入中不可缺少的重要一环。由于这类农户家庭成员的主要消费开支和生活居住是在农村中，务农收益成为自给自足的重要组成部分，从而变相地减少了全家生活的成本。总体上来说，这部分群体成为主要的农户类型，能够占到总户数的80%。

2. 不离土离乡的农户

不离土离乡的农户主要是指全家人都没有外出的农户。他们可能是纯农户，也可能是以经营农业为主的兼业户（简称“Ⅰ兼户”），也可能是以经营非农产业为主的兼业户（简称“Ⅱ兼户”），他们的收入来源主要在乡镇范围内部，并不离土离乡。他们可能是种植大户或养殖大户，也可能是商服人员，收入来源多样、渠道多样，在基层市场范围内开展家庭劳动分工和多种兼业。除了规模种植户和经营经济作物较好的农户务农收入能达到3万元以上，一般家庭的务农收入在1万～3万元。这类农户的兼业形态不一，主要是一些种植大户或养殖大户，流转别人的土地、鱼塘资源，农副业相结合，也有其他的一些兼业方式。有些家庭的主要收入并不是来自土地，而是一些养殖、经商收益，乃至一些技术服务，但大部分家庭的主要收入来源仍然是在村庄和集镇范围内，家庭的生产、生活仍然依托于村庄。这部分农户可能是中农，也可能只是一些身体残疾或是精神有疾病的底层弱势群体，中农群体因为自身多方面的优势，难以脱离村庄和基层市场，而逐渐成为村庄生产和生活的主体，也是村治的主要后备力量。在其中，中农占5%～10%，底层弱势群体也占到一小部分。

3. 离土不离乡的农户

离土不离乡群体主要是“不务农的在乡农户”，他们既不务农，也没有脱离乡村，他们的收益来源于在集镇上做生意、务工或是做教师、医生、干部等。他们中的不少人已经在城镇买房，并非从土地上获得收益，有的在村庄中居住，有的在乡镇上居住。他们并不耕种土地，而是将耕地送给兄弟或是流转给村里的其他人。这样的群体属于少数，每个村只有一两户。

4. 离土离乡的非农户

离土离乡的非农户指的是全家人外出务工经商的农户，他们家里的土地流转给别人耕种，房子闲置或是转让给其他人。这部分人已实现了城镇化，不依赖土地和村庄获得收入，他们一般也是村庄中的先富能人群体，依托于全国劳动力市场，寻找到较好的经济机会，他们比普通村民的收入要高，有能力在城市立足。他们的外出让土地等资源进一步汇集到"不离土离乡的农户"那里。这部分农户所占的比例不高，占到5%左右。这部分群体之中，也有一部分特殊群体，他们全家已经外出务工经商，但仍不能完全在城市安家，只是暂时在外，一旦遇到风险或年老之后，会再回到村庄。与前两类农户相反，后两类"离土"的农户是村庄土地资源的主要流出方，他们将自家的土地、宅基地送给亲朋好友或是租出去。

汉镇不同类型农户的收入来源状况如表3-4所示。

表3-4　汉镇农户的收入来源状况①

流动情况	半离土离乡的农户（80%）	不离土离乡的农户（12%）			离土不离乡的农户（3%）	离土离乡的非农户（5%）
兼业类型	Ⅱ兼户（非农收益为主）	纯农户（务农收入为主）	Ⅰ兼户（务农收入为主）	Ⅱ兼户（非农收益为主）	不务农的在乡人群	—
农业生产收益/元	1万～2万元	1万～10万元	2万～4万元	1万～3万元	无	无

① 表格是依据农民的务农收入和非务农收入构成比例以及农民的收入来源与乡土社会的关系来划分的农户类型。

续表

流动情况	半离土离乡的农户（80%）	不离土离乡的农户（12%）			离土不离乡的农户（3%）	离土离乡的非农户（5%）
兼业类型	Ⅱ兼户（非农收益为主）	纯农户（务农收入为主）	Ⅰ兼户（务农收入为主）	Ⅱ兼户（非农收益为主）	不务农的在乡人群	—
就近务工经商收益/元	无	无	1万～3万元	3万～20万元	5万～20万元	无
外出务工经商收益/元	3万～20万元	无	无	无	无	20万元以上
农业收入占家庭收入比重	10%～40%	80%以上	40%～80%	10%～50%	—	—
备注	老人农业＋外出务工经商，以外出务工的收入为主	主要是农副业收入，有些是底层弱势群体，有些是种植大户	这类农户以农副业收入为主，农闲时间就近打点小工	老人农业＋就近的务工经商，非农收益比重较高	非农收益为主，务工经商或是公职人员	—

注：数据来源于笔者在乡镇农业办公室得到的相关数据及对各村组调研资料汇总的结果。

农民的分工和兼业模式的形成也离不开农村社会、文化结构的形塑，农民家庭在参与市场资源配置的过程中并非是个体化的，而是以家族和村庄共同体的熟人社会为单位的。在城乡二元结构之中，大部分农民家庭在家族内部有着紧密的分工，包括纵向的代际分工，横向的性别分工和兄弟分工。这种家族内部的分工形态是一种兼具效率和效益的分工模式，保证了大部分农民家庭在外出务工时，可以把土地交给自己的家人、兄弟姐妹来耕种，在最大范围内发挥劳动力、土地等资源的价值。这种分工模式不仅仅是一种经济分工，还是一种社会分工，不仅指家庭内部成员在劳动上的分工，还指责任义务的分工，也就是说按照自身的年龄、性别、身体素质、技能水平甚至是性格和追求上的差异，在家庭之间进行劳动分工，具有劳动力价值和市场价值的年轻群体外出务工，年纪较大的群体在家务农。如果家里的老人年纪过大或是孩子年纪过小，就让妻子留守或是让家里的兄弟姐妹照顾，并把自家的土地、生产资料等留给他们耕种，这样家庭内部的分工、资源流动实际上就拥有很强的互助互惠性；既有合作理性，又有情感道义内涵；小农家庭在最大限度地获得收入来源的同时，能够兼顾到家庭的责任义务和亲情伦理关系，不至于因为城乡流动、外出务工而导致家庭生活过于支离破碎。

在村庄范围内，除了新三代家庭成为主要的分工互助单位外，还有部分以邻里、朋友、老乡关系为基础的资源流动和机会共享，这部分合作互惠关系的形成，仍以血缘、地缘的认同和信任为基础。“半工半耕”结构的开展并不完全是以家庭为单位的，实际上农民家庭之间也可以形成“半工半耕”结构，这种半工半耕结构通常是指“离土离乡”的农户和“不离土离乡”的农户合作(冯云廷，2005)。那些全家外出务工或经商，已基本脱离了农业生产，在城市中买房定居的“离土离乡”农户并不依靠土地收入，多是将土地流转给村庄中其他农户耕种(张建雷，2015)。“不离土离乡”农户就是通过村庄熟人社会内部的土地流转形成适度经营规模的农户，并且他们还可以在周边打小工、做小生意来获得多种兼业收入。

表 3-5 为汉镇各村的劳动力流动情况。

表 3-5　汉镇各村的劳动力流动情况

单位名称	汇总人口数/个	汇总劳动力[①]			
		数量/个	外出务工劳动力		从事家庭经营[②]
			数量/个		数量/个
			小计	省内	
P村	1993	1119	701	370	418
J村	2978	2180	1535	591	645
G村	2261	1728	1232	448	496
E村	1250	809	446	326	363
C村	1027	701	471	219	230
S村	1828	1374	953	346	421
H村	2083	1623	1123	425	500
D村	3439	2804	1654	1076	1150
Y村	2123	1670	1050	594	620
合计	18982	14008	9165	4395	4843

注：数据来源于汉镇统计站资料(2014 年)。

(二) 农民家计与村庄社会关联

农民家庭在制度和市场的形塑下所形成的“半工半耕”结构，让农民可以多途径地占有资源和市场机会，获得多种兼业收入，并形成了不同农

① 汇总劳动力指汇总的整劳动力数和半劳动力数之和。整劳动力指 18 周岁到 50 周岁的男子，18 周岁到 45 周岁的女子；半劳动力指 16 周岁到 17 周岁，51 周岁到 60 周岁的男子，16 周岁到 17 周岁，46 周岁到 55 周岁的女子。由于统计时不少劳动力是老人和妇女，都是按照半劳动力算的，实际在乡镇内的劳动力要多一些。

② 从事家庭经营(劳动力数)指一年内 6 个月以上的时间在本乡镇内从事家庭经营的劳动力数，包括从事农业和非农产业经营的劳动力数。家庭经营指以农户家庭为基本经营单位，完全或主要依靠家庭成员自己的劳动，凭借自有或与他人合有以及承包集体的生产资料(主要是土地等)直接组织生产和经营，包括农户自营、承包经营、个体工商户和农村私营企业经营，但以农户或个人名义承包集体企业的不属于家庭经营范围。

民家庭与村庄的联系及流动状况。“半工半耕”结构的开展是以新三代家庭为基础的(杨华,2015),兼具熟人社会内部的分工,这种分工模式促进了市场机会、土地资源和劳动力的优化配置,让不同的农民家庭出现了不同的兼业模式和收入差异。

我今年(2015 年)2 月份和老婆出去打工,经济不景气,一直没找到活路,4 月份就回来了。回来就种点地,在附近打点小工。我们之前一直在新疆做活路,一行 11 个人搞建筑(施工),我主要是做木工,现在只剩下一个人在新疆。家里也没钱赚,我把自己的土地从小组长那里要回来,种点蔬菜,之前一直是让他代种着,等明年再出去转转。(CME,D 村 5 组村民,2015/09/29)

按照不同兼业形态的农民家计模式,可以对农民与土地、村庄不同的利害关系进一步加以分析,并且因为与村庄、土地利害关系的差异,农民在参与村庄公共生活和村庄治理的动力上存在差异。对于多数半离土离乡的农民家庭来说,他们的主要家计模式是“半工半耕”,家里的年轻劳动力虽然在城市务工,但是务工收益较低,也不稳定,难以让他们在城市中安身立足。这部分农民群体往返于城乡之间,只是暂时性地离开村庄,他们的参照群体、生活世界和价值地位的实现仍然是在村庄中,家里的老人也要靠土地和村庄来保障基本的生活,土地和村庄仍然是基本保障。因此,这部分群体也十分关心村庄建设和公共事务,但是,由于这部分农户主要是家里的老人在从事农业生产,青壮年常年不在村,他们对村庄公共事务,特别是在村级治理中起到的作用和影响能力有限。他们更主要的是与不离土离乡的中农群体共同合作来参与村庄公共事务。

对不离土离乡的农户来说,他们与土地、村庄的关系最为密切。特别是对于不离土离乡的中农群体来说。这部分群体家庭生产和再生产的收入来源主要依托于土地和村庄,他们十分关心农业生产和农村经济的发展变化,并且,他们长期生活在村庄中,也是村庄公共生活的重要参与者。

中农群体的产生是农民的流动、分工和农村土地等资源要素重组的结果，一部分青壮年群体能够在村庄和乡镇范围内通过一些农副业生产环节和基本的商服环节，获得不低于外出务工的收入来源，成为村庄中的中等收入群体。这部分群体的利益关系和社会关系也主要在村庄中，他们自身的经济利益和社会关系决定了他们对村庄生活和村庄公共事业的参与度、关注度比较高，对有关农业和农村的政策也最为关切。在留守老弱群体占主力的情况下，他们就成为在村的精英，在村庄中有一定的经济社会地位和影响力，也能在村庄治理中发挥重要的作用，从而成为城镇化进程中坚守在村庄的“中坚力量”。

三、中农群体的特征

汉镇的经济体量虽然不大，但仍有一部分市场空间和机会让少量青壮年群体获得基本的生活保障和发展空间，主要是在一些农副业生产环节和基本的生活服务环节。这些青壮年借助这些机会空间也成长为村庄中的种植大户和农副业生产的能人，他们的种植规模要大于普通农户的种植规模，农副业收益也超出普通村民的，因此，这部分群体被称为“中农”。作为留守在村庄的少量青壮年群体，中农群体自身具有很多特点。

（一）利益关系在村庄中

中农作为在村的青壮年群体，正值家庭生活开支和消费最高的阶段，但是由于各种原因没有外出务工，只能在村庄范围内寻求各种经济机会。他们要获取不低于外出务工的收入，才能赶得上村庄大多数人的生活消费水平，过上基本有尊严的生活。农民外出务工经商所带来的村民阶层位置的重新排序，让这部分留守在村庄中的青壮年产生了一定的压力。他们经常与外出务工的同龄人和亲朋好友进行比较，只有自己的收入不比外出务工的人低，甚至是比外出务工的人的收入还要高，他们才能心安理得地在村庄中生活，否则，他们会寻找各种机会来扩展自己的收入来源，实现自己社会地位的提高。与外出务工的人相比，他们甚至有更大的焦虑感，他们在村庄中获得的收入要追赶上大部分普通村民的生活水平难度更大。

与村庄中的老人群体靠务农来满足自给自足的生活目标不同，中农进行农副业生产表现出很强的经营性，追求利润成为他们的目标（杨华，2015）。他们无法满足仅靠自己的土地来获得收入，他们不断拓展着自己的经营规模和收入渠道。他们在种植或养殖的规模上和兼业的种类、数量上要超出老人群体。他们可能是承包大户，主要是捡种或是租种村庄中一些没人种植的土地进行规模种植，一般种植十几亩至几十亩；或是自己头脑比较灵活、信息比较广，搞一些特色作物；他们也可能是养殖大户等，但他们都属于小资本户，而不是大资本的规模养殖、种植；他们也许搞一些运输、农机服务，经营商店、茶馆等获得非农型收入。甚至有些是村医，农技、农机人员，木瓦工，经纪人，小包工头等，从而获得不低于外出务工的收入，甚至要高于外出务工的收入。他们是留守在村庄中、收入还不错、有一定才干的群体，属于“在村的精英”。他们的数量在各村表现不一样，一般能占到全村的5%～10%。①

他们虽然在村庄留守人口之中所占比例不是很大，但是，因为占据资源和市场机会的能力较强，收入水平较高，从而成为村庄的中等收入群体。他们大都是多元家计的兼业农户，从事农、副、商、服等多种行业，也是基层市场基本生产、生活服务的主要提供者，他们自身的利益与村庄、基层市场密切关系，故而十分关心村庄事务。对于老弱群体占主力的中西部农村地区来说，他们在村庄中的重要性逐渐凸显出来。

总之，这部分青壮年群体由于主要收入来源依托于土地和村庄，利益关系也与村庄紧密相关。他们对土地、农业和村庄生活十分依赖，对农业生产、生活的村庄公共品的需求也十分强烈，他们自身的经济利益决定了

① 数据来源于各村组干部的统计和汇总，主要是对在村“中等收入群体”中的青壮年劳动力的统计数据。

他们对村庄公共事务的参与度和关注度比较高，他们也十分重视与大多数村民的社会关系建构。

（二）社会关系主要在村庄中

在半工半耕的家计模式下，由于大多数村民的收入来源比较相似，村民之间往往有着共同的利益诉求和生存发展机会的追求。他们依赖血缘、地缘纽带，在生产合作、资源和机会共享、生活帮扶等方面有着较强的合作互惠关系。不仅这部分群体需要从其他外出务工的农民群体手中流转土地等资源，其他村民也需要他们照顾土地、房屋和家里的老人及孩子等，村民之间也需要在道路、水利等基础公共品建设上开展广泛的合作。

此外，他们长期生活在村庄中，社会关系也主要在村庄范围内，受到村庄舆论规范和人情面子的价值约束力也比较强，比较在乎与村民交往中的行为和社会地位。他们与村庄中的大多数人有一定的社会交往和人情关系，对留守的老弱群体也较为照顾。

中农不仅是村庄生活的主体，也在村级治理中发挥着重要作用。从留守群体的年龄特征结构来看，汉镇大部分村庄形成了“少量青壮年群体＋留守老弱妇幼”的结构。老弱妇幼群体虽然在数量上占优势，但是因为他们在体力、文化水平、技能、学习能力等多方面受到限制，不具备太大的影响力，主要是作为村庄经济、社会、文化仪式、政治事务的参与者。这部分留守老弱群体对村庄中的青壮年劳动力有一定的依赖性。

四、中农群体的参政动力

在上一节中，笔者论述了中农群体的经济社会特征及其产生的条件，分析了他们作为在村“精英”的经济社会基础，从他们的利益关系和社会关系上来论述其参与村庄公共事务的积极性。这一节我们从村干部的收益上来进一步分析，他们愿意成为村治主体的原因。

对于普通村民为什么要当村干部，学界已经有很多研究，但总体上来讲，主要是从利益激励和价值激励两个方面来讲的，认为村干部参与村级治理的动力主要是为了获得“社会性收益和经济性收益”（贺雪峰、阿古智子，2006）。吴思红（2012）从经济人的假设出发，认为村庄内部的资源和村庄权力的获得可以实现个人利益，并把村庄资源分为村庄物质资源、权力资源、社会关系和脸面资源。在这些资源中，物质资源主要是指经济利益范畴，表现为钱、财等村级有形资源。权力资源包含有村级组织管理权和精英在农村熟人社会活动中自然形成的影响力，其中，村庄经济管理权是最有价值的资源，不仅可以带来物质利益，还可以增加个人的影响力。[①] 社会关系和脸面资源，指村干部身份所能带来的关系资源及其在村庄社会的价值定位。

也有研究从“政治人”的假设出发，认为人是天生的政治动物，在特定的政治经济环境中，基于物质需求与精神需求，追求、夺取并运用权力，从而实现权力工具理性与价值理性的有机统一（汪波，2007）。在“政治人”假设的模式下，政治人具有公利倾向，为了获得某种政治价值和社会认可，而做出某种公利行为，政治人的价值激励在集体时期更为明显（李飞龙，2013）。改革开放后，基层社会大幅去政治化，政治价值激励不足，出于某种政治抱负的精英角色很难再见到，在这里本书不再讨论。而卡希尔（1985）则从文化人的假设出发，把人定义为“符号的动物”，“符号”是其形式，“文化”则是其内容，文化是“人的本性之依据”，以区别于纯粹理性人的假设，人按照某种理想世界和理想类型打造自我。在这一方面，大量

---

① 有形资源主要有村干部薪酬，扶贫资金或物品（分配权），土地和宅基地（审批和出售权），工厂、商铺、宾馆或矿山（发包和承包权），老年公寓、学校、村级公路等公共品建设项目（发包和承包权）；水库塘堰改造、山茶园建设、生态林护育、坡改地建设等农业农村发展项目（发包与承包权）。经济管理权包括村级集体土地的处置（使用权流转管理）权，村级集体矿山、商铺、工厂、厂房（出租）等经营管理（所有权或经营权）发包权，村级公共物品的建设项目的发包权，库塘堰改造、山茶园建设、生态林护育等农业农村发展项目发包权。村级管理权是极其重要的工具性权力，虽然村庄社会事务管理权一般难以产生物质利益，但可以增加个人的影响力或者认同感。详细参考吴思红的《村庄资源与贿选》。

的研究也从乡土社会的伦理价值、人情面子、荣耀地位来探讨基层精英担任公职的动机(黄光国、胡先缙,2005;翟学伟,1993)。

笔者结合已有的研究,把乡村场域视为一个利益和价值空间,并按照当地村干部的实际收益情况来分析中农群体愿意出任村干部、参与村级治理的原因。把村干部身份所带来的经济收益分为物质收益以及一些间接的收益,包括符号收益、社会资本收益、权力资源收益等。社会价值收益主要是获得自身的社会地位和面子收益。

(一) 村干部的经济收益

1. 物质收益

村干部的工资收入主要包括两个方面:误工补贴和奖补性收入。误工补贴主要是指村干部的基本工资报酬。跟大部分中西部地区的村干部收入一样,汉镇村主职干部的收益也维持在1300～1500元/月,书记1590元/月,主任1490元/月,文书和妇女主任1300元/月,小组长780元/月[①]。没有人当干部纯粹是为了获得这个补贴收入,这部分收入对于普通农民家庭来说并不足以维持家庭的运转,因此,只有具备一定经济实力的人才会来当村干部的。一年一万多元的误工补贴,对于普通农民来说,说多不多,说少也不少,作为一种补贴性收入,贴补家庭日常开支还是不错的。对于一些中农群体来说,他们没有这部分补贴性收入,也能维持家庭运转,加上了这部分补贴性的收入,日子就能过得更宽松些。在很多村干部眼里,这些工资性收入并不是自己当村干部的主要目的,这些收入只够支付为村民办事所必要的一些手机费用、跑路费、人情开支等。

除此之外,村主职干部还有一些社会保险。村干部对社会保险的期待甚至超过对提高工资的期待。有些村干部情愿在自己的职位上消极怠工,也不会选择辞职,就是想干够一定的年限,政府会有一定的养老保险

① 工资水平是2015年的调研数据。

保障自己晚年的生活。

除了政府发放的误工补贴收入，村书记也会从村级组织的运转资金中抽出一部分收入作为奖励来奖补村委班子一年的工作。这部分收入一般是村委班子不成文的规定。各个村的这部分奖补资金并不统一，按照村级财政实力来酌情奖励，一般在 5000～8000 元/年，一般来说，村庄项目资源比较多的村庄，这部分奖补资金就多些。乡镇政府也会奖补一些优秀的村庄，但这部分资金是比较少的，只是象征性的，村干部补贴和奖励一年到手的收入实际上才达到一万多元。

现在村干部的工资这么低，我直言不讳地说，如果是政府没把(提供)保险的话，我都不想干，纯粹一千多(元)一个月，做个建筑小工都比这赚钱。很多村干部冲着养老保险来的，这点保险都没有了，村干部都不想做。保险只有书记和主任才有，其他的村干部按理说都应该给买保险。我有个四轮(拖拉机)搞点运输，搞点种植和养殖，加起来的杂七杂八的收入要比外出打工的收入高。乡里和村里都没什么钱，就一点点奖补资金，去年我们村干得好，乡镇奖补 5000 元，村委 4 个人分了。我们村从上级政府和帮扶单位“化缘”了点运转资金，每个人年终又奖励了 5000 元。(G 村主任，LGC，2015/07/25)

2. 符号收益

村干部本身的身份就能产生“价值”，村干部在外经商、办厂、包工程的过程中，容易获得别人的信任，对拓展自己的企业规模、生意来源，以及在信贷、招工等其他资源占有等方面有一定的优势。对于很多中农干部来说，他们并不需要村干部的身份去经商办厂。对他们而言，村干部的身份能够使他们借助体制性的身份结交广泛的社会关系资本，包括自上而下的关系资源，主要是外部的县乡干部，乃至基层市场上的一些经济能人、文化精英等；也包括村庄内部的关系资源。村干部的身份可以有效地帮助中农结识村庄内部的精英，从而在土地资源的流转、市场信息的获得方面优于普通村民，能够优先获得村庄的土地资源和经济机会。因此，中农能够比普通村民获得更多的收入来源途径。来自上面的人脉关系主要是指与乡镇政府的关系或更高一级的人脉关系。在村干部的工作生涯中，由于工作的需要，他们可以广泛结识一些乡镇范围内的精英群体，从而获得各种有利的信息和资源，增加家庭发展机遇。一些比较有头脑的村干部抓住这些机会，获得了较多的收入来源，能够与外出务工经商持平或是更高。结识这些精英对子女的教育、婚姻、工作等也有好处，这虽然不是村干部身份所带来的直接收益，却是村干部身份所换来的政治、社会资本。

不少村干部的子女一般当兵或是下学回来以后，依赖父母在当干部期间积累的社会人脉关系，成为村组干部的接替者。例如H村的老书记，自己的儿子当兵回来以后就在乡镇当了一个编外人员，主要是协警的身份，后来被乡镇干部推荐，成为Y村的书记。而G村的书记，其父亲也是本村的老主任，现任的主任，其父亲也在村庄中任过村主任的身份。C村和E村的会计都是接替自己的父母，很多年轻的小组长都是因为自己父母或是亲戚年纪大了，干不动了，自己来接替。总之，一部分老干部的子女因为自己的父母、亲戚的关系而成为村庄中村组干部的人选。这部分村组干部的后代，在自己父母当干部的经历和观念的影响下，在政治意识和思想认识方面来说，相对比较过关，村庄的公共观念强些。同时，由于父母亲积累下的人脉关系和家业，在村庄中有一定的积淀和经济基础。不少村干部的子女们算是乡镇当中比较年轻、有文化、政治意识又能过关的年轻人，也算是乡、村两级重点提拔、培养的对象。

3. 权力资源收益

权力资源收益指的是村干部在村庄治理中所拥有的决定权和管理权，它能给村干部带来一定的物质利益，也能提升村干部个人的权力地位。在资源输入的背景下，村干部对一些国家自上而下的惠农资源和政治事务仍有一定的决定权和管理权，是上级政府部门下放给村级组织的基础性确认权[①]，这种权力在国家信息不对称、村级权力规定尚未精确化和规范化的大部分农村地区，就可以变为村干部为自己或是亲戚朋友谋取好处的机会。在自上而下的资源输入中，间接带给村组干部的收入来源主要有两种：一些是筛选性的低保指标、危房改造指标、困难救助资金等资源分配，一些是一事一议等村级小型工程项目等带来的利益资源。由于村干部仍能够掌握集体经济和集体资源的管理权、分配权，因此就能够借助自身的权力来为自己谋利。

但是，在后税费时期，村干部从中获利的可能性越来越小。村干部的这部分权力不断地被上收，由地方政府、各条块部门来负责，村干部真正发挥权限的地方越来越少。一些小的集体资源、农业农村发展项目发包权，只能产生很少的利益或者没有物质利益，特别是在资源稀缺的村庄。由于对资源分配的监管和群众监督越来越严格，很难做到"以公谋私"而不出现问题。资源利益分配很容易引起村民的上访和不必要的麻烦，越来越成为烫手山芋。较为保守的中农很少会想去从这里面获利。更多的村干部借助这部分资源分配权来作为村级治理的手段，积累自身的权威和影响力，从而维系村庄的正常秩序，调整村民的利益诉求和村庄公共事业建设。

今年上面分配的危房改造指标名额我们村都没有要，太麻烦了，大家都看着眼红，免得大家争，谁都觉得自己应该得这个名额，在这件事上，谁都觉得自己条件合适。（Y村主任，XL，2015/07/19）

（二）村干部的社会收益

社会收益主要是指村干部身份所带来的社会地位和面子荣誉[②]，这

① 基础性确认权表现为几个方面：土地和宅基地村级组织审批盖章确认，准生证办理村级盖章确认，救助扶贫申请村级盖章确认，炸药申请村级盖章确认，农村水利建设项目申请盖章确认（集体申请），农业扶贫发展项目申请盖章确认（个人申请与集体申请）等。

② 农村社会中的脸面就是由某人占有社会资源量所形成的心理及其行为在他人心目中产生的序列地位，构造于一定社会关系之中。农村社会中的给"面子"是以资源占有为基础的一个人对另一个人的价值定位。详细参见吴思红（2012）。

部分收益属于价值、情感层面的，村庄精英能从村干部这个职位上获取公共决策和公众人物的地位，从而满足了他们表达性的需要，构成村干部行为的动力(贺雪峰、阿古智子，2006)。一个人在村庄的面子地位满足了其心理价值的需求，而其面子荣誉的获得，更多的是与其掌握的经济、政治、社会资源有关。村干部的身份往往能带来一定的社会、政治地位。虽然汉镇传统文化保存的程度比较弱，传统的规范价值对村干部的价值激励性并不强，但并不意味着村干部不受这方面的影响，市场经济所带来的社会分化，并不足以把传统的关联和伦理纽带彻底割裂，特别是村庄富人阶层的离去，保证了经济分化和社会竞争尚未撕裂已经逐渐弱化的血缘、地缘关系，传统情面资源和道义帮扶的规范还存在。并且村庄仍是一个“半熟人社会”，村庄日常的公共生活和舆论评价仍然影响着村民对自身社会地位和价值面子的体验，村干部这一职位在村庄社会之中是一种地位、身份的象征(翟学伟，2004)。特别是在精英外流的情况下，村干部能够在自身的权力运作和村治事务中获得一种地位感和身份感。

在资源利益匮乏的状况下，汉镇的机会空间难以吸引富人精英当选村干部。但对于中农群体中的一部分人来说，这部分资源和机会空间已经足够他们在村庄中生存立足，他们可以借助村干部的平台获得一定的经济、社会收益。当村干部所获得的一部分务工补贴收益是在农副业生产之余额外所获得的，这部分经济收益的获得对于普通村民来说，说多不多，说少不少，作为务工补贴是足够的，是在不耽误自身农副业生产之余利用闲暇和空余时间，额外和顺带所获得的收入，对于中农来说并没有什么机会成本。中农作为农业生产主体或是从事与农业生产服务环节相关的职业，生产、生活主要在农村开展，农业生产生活设施等农村公共品的改善，他们也是较大的受益者，能够体验自身生产、生活的便捷。特别是在项目制下，可以让他们实现惠农资源和自身生产发展平台的对接。他们代表自身和大部分村庄主体的利益，可以与上级政府就农业生产和村级建设进行积极的沟通协商，也愿意为村级公共事业而积极奔波。

此外，村干部作为政府和村庄的中介，能够优先掌握一定的政策优惠、信息和一定的社会资本。由于中农干部长期生活在村庄之中，他们跟普通群众相比没有什么差异，只是头脑比较灵活，或是在某方面有突出优势，比较勤劳上进，在收入水平上稍微高出普通群众。从普通农民到当选村干部实际上是社会地位的一种上升。他们大都年富力强，承担着家庭生产的任务，急于在村庄中寻找各种扩大收入来源的机会，因此，渴望通过村干部的平台和社会关系来不断壮大自己的经济实力和社会地位。他们是比较愿意当村干部的，可以结识更多的乡镇干部和村庄精英，借助村干部的平台实现直接的或潜在的收益，也可以实现自身的价值。

因此，中农有一定的动力当干部，但他们当选村干部也不是为了获取一些灰色性质的经济收益。中农的收益主要是来自农副业生产，从农村生产、生活服务环节获利，并不需要依赖村干部的收入来维系家庭运转，其出任村干部也是处于社会性收益的考虑。中农长期面对村庄社会的人情往来，受到村庄社会规范、村民地位面子的影响更强。富人离去，中农在村庄中的作用和地位就凸显出来。中农不仅对普通村民来说比较重要，而且乡镇领导对他们也比较倚重，中农在参与村级治理的过程中，自身的存在感和价值感就不断地凸显出来。他们并不是具有权势的富人或是狠人，甚至只是普通村民，当干部对他们来说有一定的面子、荣誉感。在农村社会中，村干部毕竟还算是村庄中有一定地位的人，从无政治、社会地位的普通村民，到被村民和乡镇干部认可的村干部，他们能从这种社会性面子中获得自身的地位感和存在感。他们在利益立场上跟大多数的村民一致，能够代表和体会大多数村民的利益。他们无法像超级富豪和边缘群体一样脱离村庄生活，他们比较在乎村民的评价，村庄的舆论压力、人情面子的约束能够起到一定的制约作用。他们当中经济实力强、公心较好的一部分人逐渐成为村治主体。

（三）小结：经济社会转型与中农精英

本章从经验层面揭示了为什么在人、财、物流出的背景下，汉镇仍有一定的经济社会活力。从乡村内部的经济机会空间、人情社会关联和农民家计模式三个方面来论述作为村治精英的中农群体。

本书的研究发现，尽管城乡体制改革和工商业经济的发展给农村、农业和农民的发展带来了诸多问题，造成了农村劳动力的大量外流，农业收益逐渐降低，但是改革和发展也带来了一些新的机遇，很多制度和体制机制方面的创新也保障农村在转型时期孕育着新的秩序。大部分农村虽不是经济资源和就业机会比较发达的城郊村，但也没有陷入普遍的空心化状态，根据陈锡文的调研数据分析，中西部农村地区空心化的状态只占10％左右。实际上大部分农村地区仍然有一定的经济空间保证农民家庭可以就近获得家庭再生产的资源。同时，也正是中西部地区劳动力、土地等生产要素的流动和资源的重新组合，导致农民的分化和农民家庭收入模式的变迁以及村治精英类型的变革。

从汉镇的经济市场空间和农民家计模式变迁上看，农村劳动力的外流并没有造成农村的空心化和农业的凋敝。农业收益的降低并不意味着农业生产对农民家庭不重要，农业收益的降低也不意味着个体农民家庭务农收益的降低，实际上农业收益对不同农民家庭的重要性是不同的。农村仍有一定的经济发展空间和社会活力保障着农村基本秩序的运作。

部分农民的暂时外出务工以及城镇化，让村庄中的土地等资源相对集中，一些务工、服务机会就被腾出来。在尚未被社会资本压缩和占有的利润环节就可以成为小农家庭获得自身生计的重要来源。中农群体就可以通过各种方式和手段，扩大规模和兼业的范围，以获得更多的收入。全国市场和基层市场的流通为农民的多元兼业提供了一定的空间，让留守在村庄的农民通过租种更多的土地，从事更多的行业来获得收入和提升自身的劳动力价值。这种资源的流动也保证了村庄内部的资源优化配置。在农民流动和分化的背景下，村庄中的这些空间和机会是在村青壮年劳动力获得生活来源、满足家庭生产需求、获得自身经济社会地位和公共影响力的基础。

实际上,汉镇的经济社会结构和农民的家计模式在中西部大部分农村地区都普遍存在着。中西部农村地区既不像东部沿海发达地区那么繁荣,也没有传说中那么凋敝。由于中国特有的经济发展模式和城乡二元结构,大部分农民家庭的家计模式和经济收入水平是差不多的,主要靠务农和外出务工来维持家庭的运转。并且由于农业生产和农民务工的不稳定性、季节性,不少农民选择就近务工,在城乡之间往返流动。根据陈锡文(2016)实地调研的数据,我国农民工数量达 2.8 亿人,其中约 1000 万人生活在本地区的乡镇,在附近乡镇就近务工,真正外出就业的农民不足 1.7 亿人。并且由于农业生产的季节性特征,一年之中农忙季节仅 3 个月左右,其余的时间农民完全可以做点副业或从事其他活动。这就造成了中西部大部分地区农村特有的经济、社会结构以及在此基础上村庄治理的特点。

第四章 村治主体之变

中农作为村庄社会的黏合剂和润滑剂，有一定的社会整合和动员能力。从各个群体之间的利益关系看，中农与村庄中占主体部分的普通村民形成紧密的利益和情感关系，扮演着沟通者和利益协调者的角色。

一、汉镇的村干部变动

中农群体的经济社会特征，即与村庄社会的紧密关联促使他们有一定的动机也有一定的能力来参与村庄公共事务的治理。中农群体的这种行为特质，逐渐被村民所认可，被乡镇政府所挖掘。他们也逐渐走上了村级治理的舞台，在村级治理中发挥着重要作用。本章重点论述在实践中汉镇的中农群体是如何获得自身权威而成为村治主体的。

（一）底层干部的退出

1. D村的书记更替

D村在2008年由小D村和太村两个行政村合并而成。D村合并之前，两个小村的书记都因为贪占村级资产等问题被换下台。这两个书记在税费改革前的时期都属于比较得力的干部，特别是小D村的书记，从20世纪80年代末期开始当村干部，工作20多年，经常被评为先进和典型，在收取农业税费和计划生育等工作上都完成得非常“出色”，在全镇村级排名上基本属于前几名，是敢于讲狠、不怕得罪村民的人。这类村干部因为自己忙于村务工作，很少有时间顾及家庭生产。小D村书记家收入主要靠其妻子种植3亩地和搞一些副业，再加上他自己当村干部的2万元左右年收入，仅够家庭日常生活开销。2007年左右，他儿子出了车祸，需要一笔医疗费，作为村书记的他就从村集体收入里挪用了2万元，被村民发现后举报。这件事闹到县政府那里，村民对此非常有意见，老书记也因此被迫下台。太村的老书记也因为贪占村民沙滩地的补偿款而被举报下台。

实际上在这些事情被发现之前，书记就经常从村庄中获得一些灰色收益，也存在以权谋私的情况。但在农业税费时期，村级财政运转状况和村干部的一些行为并不透明，村干部的这些贪占小便宜的行为也被乡镇干部默许，甚至出了事情也会被乡镇政府压下来。村干部的这些贪占集体利益的行为并不被认为是大事。但是，取消农业税费之后，村民维权意识比较强，村级财政运转也更加透明，乡镇干部出于维稳自保的压力也不愿意自找麻烦去庇护这些干部。再加上这些老式干部的经济实力、工作方式、服务意识和思想认识已经跟不上当下村级治理的新形势，乡镇政府也有意向换一下新鲜血液，让一些年富力强的干部上台。

D 村闹出这些事后，村里一直比较乱，再加上 2008 年全镇合村并组，一时也选不出共同认可、有权威的村干部。2008—2010 年的这段时间，一直是乡镇领导下派的干部担任书记，经过两年时间，乡镇下派书记的一些工作使村庄的秩序和村民的情绪逐渐稳定。下派书记也有意培养一些副职干部，并逐渐树立起他们的权威，帮他们搞好各方面的关系。现在的书记和主任就是乡镇领导经过仔细考察提拔上来的，如 2010 年由下派书记举荐原先太村的会计黄平为 D 村书记。

黄平书记，1975 年出生，他的孩子 18 岁，仍在上学，父母 60 多岁了，在家务农，妻子主要在家料理家务，兼顾家里的茶馆、副食店的生意。黄平的父亲原先经营供销店、茶馆，家庭条件在村里一直还算不错，父母老了之后，慢慢把生意交给儿子和媳妇，自己则耕种 4 亩地。黄平的妻子在屋里守茶馆和副食店，他自己则忙着村里的事情。除了茶馆和副食店的稳定收入，黄平这些年一直也没闲着，总是在寻找一些收入门路。现在黄平家的年收入主要是茶馆和副食店的收入 3 万～4 万元，黄平当干部的工资收入 1 万多元，跟别人合伙搞运输、拉土方，一年的分成能拿到 2 万元，加起来一年的收入能达到 6 万～7 万元。如果是父子两代的收入加起来，可能就能达到 7 万～9 万元，在村上算是中等。一家人全年的支出有 3 万～4 万元：人情支出 2000～3000 元，车辆油费有 1 万元左右，吃喝也就花费 1 万～2 万元，再加上孩子的开支 7000 元左右，基本上能过上温饱有余的生活。

黄平不是没有能力外出务工，而是不愿意外出务工，他在 1992 年初中毕业后出去做了 2 年工，但因为不喜欢固定的上下班生活而回家谋生，他是自己主动选择留在村里的。回家以后，他帮着父母经营供销店的生意和做田地里的农活，也尝试在附近找些其他活计。他身强体壮，为人又比较正直、踏实，1998 年被乡镇干部看中，成为镇上民兵联防队的成员。他在担任镇上民兵联防职务时认真负责，得到村民和乡、村两级干部的举荐，2001 年，黄平担任太村的村委委员和专业会计，2008 年合村并组后，乡镇干部有意提拔他，让他任 D 村村主任，2010 年任书记。

实际上在被乡镇干部发现之前，黄平在村里的口碑就一直不错，从他父亲这一代开始，黄平的家境就不错。早先，黄平的父亲经营供销店和茶馆，因此黄平在村里一直被戏称为“富二代”，在村庄中有一定的社会地位。他自己帮着父亲经营茶馆和供销店的生意，也积累了些人缘，大家对他都比较熟悉，也比较放心。在担任会计和村委委员的时候，他对村庄的事务和村民的事情也比较上心、负责，得到了不少村民的认可。2000 年以后，虽然村庄中一些外出务工经商人员的收益日益提高，黄平在村庄中的经济地位相对下降，但是与大部分村民相比，他的收入水平并不差，在村庄中算是中等，基本的消费竞争和人情往来都能承担得起。

黄平并不算富有，家族势力不大，也没有什么社会背景。他能当上书记，并且还干出一定的成绩，完全依赖其自身踏实肯干、公正公平。黄平在当村主任的两年时间里，正直无私，在党性、公心上能过关，把村民的事情放在心上，乡镇交给他的事情，也大都积极完成，不拿架子，村民的事情他也上心，能及时处理。在工作上，也比较讲究方法，会团结人，但也不怕得罪人，敢于主持和伸张正义，在村组班子内有一定的人缘和威信。在乡镇领导干部的扶持和帮助下，黄平从外面引入一些项目资源，村民的一些公共品需求逐渐得到回应，在村庄中的威望逐渐建立起来了。经过长时间的工作积累，黄平所在的 D 村，村级治理和村庄建设也日益有序起来，黄平当干部的能力、水平及他所在村庄的村级治理状况，不管是在乡镇的考核排名还是各村干部的相互评价中，都在前三名。

黄书记有点水平，没想到他会把村子搞得这么好，那么不起眼的一个人，自己没什么势力，村里也没什么项目。（Y 村的书记，YSJ，2015/07/18）

就黄平自己来说，他有多余的心力，也有能力来当村干部。家里的生意和农业生产一直有父母及妻子在照顾，他自己很少花时间去料理，因此，黄平投入村级公共事务的时间和精力也比较多，村里的事情他都能及时去处理。黄平又有一定的经济实力，自家的产业维持家庭生产和生活开销不成问题，没有什么太大的经济压力。起初黄平接手民兵联防队，当选村委委员和村会计时，也是因为他在家里没什么大事可忙，父母的生意和田地的农活不需要他全天候盯着，在空闲时间里完全可以再找些其他事情做。出于养家糊口、村庄人情面子竞争的考虑，黄平也想多获得一些收入。外出务工的人不少都发家致富了，黄平也有焦虑感，怕自己留在村里被其他村民甩下了，在村里、镇上担任公共职务，既可以获得一些信息，扩大自己的社会关系资本，又可以获得一定的收入。

现在的“能干人”都出去找活路了，留在村里的都是一些没本事的、受窝囊气的。我留在村里不多找点门路、多赚点钱，怕日后连自己抽的烟都不好意思拿出来。在村里当干部，多少能有点收入，跟乡镇干部接触多了，知道的政策也多，还是有一定好处的。再说村干部大小是个干部，村民看得起，乡镇领导也重视，能在村里混成这个样子算不错的。我这个年龄出去打工也没什么优势，留在村里当干部比一些外出务工的要逍遥自在。（D 村书记，HP，2015/07/14）

黄平觉得在村里做事有一定的面子，村干部在村里多少还是有一定地位的。他自己也不愿意出去打工，在村里混成这样算是不错的，而且时间比较自由。他也比较喜欢给村民办事，能得到村民和领导的认可，自己做的事也比较有意义，特别是现在家里的事情并不多，家庭生产和村里的工作两不误，闲暇时间还可以跟村镇上其他年轻人一起和一些领导接触，大家一起耍，混个圈子，反正自己在家里混日子还不如多做点事。黄平认为乡镇领导看得起自己，对自己又不错，看在乡镇领导的面子上，自己也应该好好工作，特别是有几个领导对他一直很照顾，经常提携，他觉得自己应该尽量做好干部工作。下面的村组干部和部分村民也比较得力，对黄平安排的工作比较领情和买账。他觉得自己没钱没势，做成这样算是不错的。

黄平也觉得村里的事情麻烦，但是找对了工作方法，还是比较好做的。特别是现在村里的事情并不是很多，更不像税费时期要干一些得罪村民的事情。村干部只要公正无私，敢于主持公道，自身没有太大的问题，工作就好开展。黄平还是村干部中比较喜欢开会的，遇到大事和难事先开会，不但给村组干部开，也给村民代表和群众开，在会议上汲取群众的智慧和建议，然后私下自己和一些村组干部再反复做一些群众工作。平时，他也能及时解决小组长的难题，尽量回应村民的诉求。黄平认为，如果有及时的沟通和回馈，即使一时没有解决问题，村民对你的工作也是肯定的。特别是现在村里的项目资源少，村集体资源不足，很多时候难以满足村民的诉求，难以协调村民之间的利益纠纷，需要多解释、多沟通，让村民了解村干部的难处。

黄平认为当干部并不意味着无原则妥协，很多时候干部也要敢于得罪人，主持正义。不是所有的村民都是讲理、公心很强的，无赖、蛮横、不讲理的也不少，这时候小组长处理不好的或是不好出面解决的，村干部就应该出面为小组长撑腰，一起想办法解决问题。如果村组干部自身有问题，书记也不能包庇，否则很容易引起村民的不满，村级工作就开展不下去。黄平也不是死脑筋，工作中也很讲究变通。他认为当下村庄基本上没有任何集体收入和资源，村干部也没有什么权威，村干部开展工作除了要跟一些精英人物建立私下的人情往来关系之外，也要灵活地运用上级的项目资源来维持村级运转，激活村民的积极性，满足村民的需求。黄平的这些工作方法和体会也让他处理村级事务越来越顺手。

当书记要比较公正，要把自己的利益放在后面，这才是一个合作之

道，也不能事事亲为，要不然自己累死还没有效果。书记的工作更多的是指挥、安排和协调，要懂得分工和团结人，要善于运用群众的力量。（D村书记，HP，2015/07/14）

2. D村的其他村干部

跟村书记一样，村委班子的其他成员也基本上属于精干的中农。他们常年生活在村庄中，发展了多种农、副、商、服业务，形成多元家计的兼业模式来保障家庭的经济收入。个别甚至能达到中上水平的收入，远高于普通外出务工者的收入。

如D村的村主任，42岁，家里有一个小孩在读高中。妻子在家帮着照顾老人和田地，家里现有4亩多地，父母60多岁。如果D村村主任没有当干部，也是比较有为的青壮年，在村里属于中上阶层。D村村主任家的收入主要来自他家的养牛生意，他家现在养了十几头牛，多的时候达到50多头，一年的收入能够达到10万元左右，再加上农业生产收入2万元左右，干部收入1万元左右，还有灌煤气的工作2万元左右，一年的收入能够达到15万元左右。村主任从离开校门开始，就没闲着，他做过各种工作，只要好赚钱、干得来，他都尽量尝试。例如，他卖过柴油、做过粮食生意、开过油厂、在砖厂当过会计，一种工作不好，就换其他的，总之，他不停地在村中寻找可以获得更高收入的方式。除了忙于生计，D村村主任在村庄的政治舞台上也比较活跃。他的经济状况和个人才能也让他成为村里比较有声望的人。

D村村主任因为有点文化，从18岁开始就当上了小村的文书，不久又当上了小村的村主任。他对村庄的公共事务比较热情，头脑又灵活，点子多，口才好，知识广博，上知天文下知地理。他也善于做群众工作，动员、说服能力都比较强，有一定的能力和胆识，但是因为有些私心，在当小村干部的时候就爱占集体的一些小便宜，并且对一些工作喜欢“偷工减料”，对乡镇领导的任务安排并不积极，乡镇干部有所顾忌，没有选他当村书记，他就一直被压制在村主任的位置上。在村书记的把控下，村主任积极的一面发挥出来了，不好的一面则被村书记把握着。

跟村书记一样，村主任也觉得自己年轻、有时间，在村里多做一点事就多获得一份收入，不能只靠土地来谋生。当文书、会计收入虽少，但是在闲暇时间内顺便做了，就多了一份收入。村主任也觉得当干部比较有地位、有面子，他自己也有一定的文化和才能，也适合当干部。在当干部的时候，自己的才能得到发挥和认可，自己也有一点荣誉感。

与村书记不同的是，村主任认为自己为村里、政府做了这么多事，理应得到更多的经济收益，贪占一点集体资源也不算什么，算是对自己工作的奖励，现在的干部不贪的少。而村书记则认为自己是在乡镇领导干部提携和村民信任的基础上来当的村干部，不愿意因为一点小财而丢面，干部就要有点牺牲和奉献精神。两者的差异也被乡镇干部看在眼里，故让黄平来把握大局。

在书记的人选上，我还是选黄平，主任能力强，但多少有点滑，爱占小便宜，主持大局怕群众不服，书记人比较正直，有他掌握全局就放心些。（乡镇人大主席，LZX，2015/07/22）

自己吃点亏不要紧，要是为了贪占一点小便宜就挪用集体资产，自己觉得没面子，丢不起那人，又不是吃不起饭。（D村书记，HP，2015/07/16）

D村的村会计也是村社合并的时候选举的，50岁，之前是小学老师，她父亲是一个老会计。父亲退下后，她就被举荐上来，也算是接手她父亲的工作。会计家的收入在村里属于中上水平，生活条件不错，她老公是个小包工头，主要是在外面包工程，一年的收入能达到15万～16万元。会计家里有2亩地，父母在种，她在家主要料理家务，做点村里的事情。孩子已经出嫁，家里没什么事情和压力，闲暇时间比较多，在村里做点事情正好充实自己，对村里的一些公务她也比较热心。她接手会计的工作，是因为家庭条件还不错，已经不愁吃喝；自己有点文化，父亲又是老会计，看在乡镇干部不停做工作的面子上她就接手了，并且相对小学老师来说，会计的工作更轻松自由些，她也就辞去小学老师之职了。

D村的妇女主任45岁，是一个老妇女主任，20多岁就担任妇女主任的工作，一直做到现在。她在家种了2亩多地，老公在外打工，一年的收入3万多元，再加上种地和自己的工资收入，她家一年的收入在4万～5万元。女儿自己做生意，不需要她太操心。相对于其他村委干部，妇女主任的家庭收入比较低，但是因为只有一个女儿，并且女儿现在也能自谋生路，压力并不大，赚的钱够家庭开支和以后养老就行。

D村村委班子的家庭经济收入状况一般都属于村庄的中上水平，收入状况还不错，没有太大的经济压力，也有很多空闲时间从事村里的工作。干部之间虽有一定的收入差距，但是差距不大，属于小康阶层内的差异，也没有太强势的经济精英和生活比较困难的村干部。这种不算是太理想也不算是太差的村委班子，在村书记的带领下，成为全镇最为团结、得力的班子。村书记是比较正直和无私的人，能够掌握大局和方向，村主任口才和能力都还不错，会计和主任也比较听话、踏实能干。

村委班子的成员都是长年在村里待着的人，对村里的人、事、物都比较熟悉，对村务工作也比较得心应手，知道村里谁比较有威望、办事公道，谁比较蛮横不讲理，了解各家的家庭状况、村民之间的矛盾和利益诉求等。不少人从年轻时就开始做村务工作，经验比较丰富，也积累了不少自己的人情面子资源，因而能更好地开展工作。表4-1为D村村委的基本情况。

除了D村，很多其他村的村干部也有类似的情况。在税费时期好勇斗狠的老干部以及疏于家庭生产的牟利性村干部逐渐退出村庄舞台，他们在村级治理中不仅没有什么大的作用，反而引起了不必要的麻烦，乡镇干部也逐渐把这部分村干部换掉。一些在村庄中有一定社会基础和经济实力，又有一定责任心、积极性的干部就成为替代人选。他们有的可能有一定的魄力，敢做敢当，敢于得罪人；有的跟普通村民差不多，并不十分强势，更多的是具有一定奉献精神的“老好人”。这些人在村里都有稳定的收入来源，较为关心村庄事务，有一定的人缘，因此被推选出来。正是这部分群体逐渐替代了一部分年纪较大的或是牟利性的村干部，以及一部分难以在村庄中获得自身发展，而不得不外出务工寻找更好机会的村干部。

表 4-1　D 村村委基本情况

行政村	职务	任职时间、经历	收入构成	阶层位置
D 村	村书记	40 岁，1998 年为民兵联防队成员，2001 年选为村委委员、村会计，2008 年任合并村村主任，2010 年任村书记	务农、茶馆、商铺、运输	中下阶层
	村主任	42 岁，1998 年为小村的文书，2005 年任小村村主任，2008 年任合并村村主任	务农、养牛、灌煤气	中上阶层
	村会计	50 岁，2008 年之前教书，2008 年任职会计，不再教书	务农、包小工程	中上阶层
	妇女主任	45 岁，1995 年当选妇女主任	务农、务工	中下阶层

注：数据来源于对村干部和村民的实地调研。

C 村的村干部更替状况跟 D 村的差不多，前任村干部也是因为经济上出了状况被辞退。C 村地处丘陵地区，有耕地 987 亩，共 10 个村民小组，328 户，1037 人。其中，贫困户有 33 户，共 82 人；低保户有 32 户，共 51 人；五保户有 7 户，共 7 人（属于村级统计资料，存在村干部为了争取扶贫资金而虚报的情况）。C 村位置偏僻，基础设施落后，属于山区贫困村，村民的经济收入主要靠种植玉米、花生、红薯、大豆等作物，虽然也种植一些经济作物，但是因为C村地势较高、交通不便、水源缺乏，农产品的产量低，村民的农业生产收入较低。相比山下的几个村，C村外出打工的青壮年劳动力比较多，村庄里基本上没有什么富人，大部分村民经济收入主要靠零星种养和外出务工。

C村一直以来家族矛盾比较多，由一些好勇斗狠的村干部维持村庄秩序。2008年上级补助的地震灾害救助金被村组干部贪占，引起全村村民的闹访，事情闹得很大，乡镇政府为了消除影响，撤销了所有的村组干部。但是，因为一下子撤掉那么多村组干部，乡镇领导一时选不出合适的村干部，就让邻村的厉书记做兼职书记，厉书记本身就是C村的人，做上门女婿去了S村。除了书记，其他的新任村干部也都是有一定收入来源的、德行和人缘较好的普通村民，并没有再选那些强势的村干部。经过几年的工作，村里的情况也逐渐好转起来。

厉书记42岁，1992年当兵，1995年在派出所上班，担任协警，2007年之后退出不干。1999年兼任S村的书记，2010年兼任C村的书记。在当选书记期间因为村干部的身份获得了很多好处，厉书记在村中的年收入算是中等，两个村村书记的误工补贴就达到2万多元；兼职国税局的业务一年收入有2万元，再加上其妻子在家种地的收入2万～3万元，一年的收入在6万～7万元。国税局的兼职业务也是厉书记当干部期间结识的乡镇国税局局长对他的特殊照顾。

村里新选出的其他副职干部也是典型的中农，村主任50岁，家里有5口人，他在家种地、养蜂，妻子在附近打小工，一年收入有3万元左右，儿子、儿媳在外面打工收入7万～8万元，家里一年的收入差不多在10多万元。村会计32岁，他在家种果树，5亩地收入2万～3万元，再加上副食店的收入1万～2万元，其父母在外面做水果生意收入3万～4万元，一年整个大家庭的收入也有8万～9万元。妇女主任52岁，其丈夫和儿子长期外出打工，一年有7万～8万元收入，她在家种点地，加起来一年有 8 万～9 万元的收入。[①]（C 村村书记，LSJ，2015/08/15；C 村村主任，XDJ，2015/08/16；C 村村会计，XP，2015/08/18；C 村妇女主任，QZR，2015/08/18）

村庄的退出村干部并不都是因为出了经济问题，村里一些中低收入阶层的干部也有主动退出的，他们有的是遇到更好的外出务工的机会，有的是迫于家庭生活的需要，就辞职外出务工以便获得更多的收入。像 C 村原先的主任，G 村原先的村会计、妇女主任等都是因为在村庄中难以获得更好的发展，主动辞去自己的职位，出去谋发展。C 村原先的村主任外出以后逐渐做大做强，跻身富人阶层。

C 村原先的村主任，之前在村里做村主任的时候，主要是靠种地和作为民办教师的收入来维持家庭生活，后来儿子渐渐长大，面临着儿子结婚、建房的压力，2004 年以后就外出做建筑工，并慢慢地开始承包一些小工程，跟儿子一起逐渐做强，成了富人。（C 村村书记，LSJ，2015/08/15）

（二）富人干部的退出

与那些因为无法在村庄中通过正规收入来进行家庭生产和再生产，不得不从村集体资源中获得一部分灰色收入的底层干部不同，乡镇上还有一部分有经济实力的富人干部也选择离开村庄，不愿意再担任村干部。他们属于村庄之中的能人，他们的离去更多的是因为乡镇范围内资源利益空间的缩小，继续待在村庄之中难有较大的发展机会。他们之前在村庄中也并不需要依赖从农业税费和村集体财产之中谋利，但他们可以借助村干部的身份，获得一定的社会关系资本，抢占一些市场资源。

1. Y 村的书记更替

Y 村位于两市的交界地带，现在有 605 户，共 2100 人，分 11 个小组。Y 村耕地面积有 1937 亩，村集体还有 20～30 亩的河滩地。村庄实际占

① 材料来自所有村委成员的访谈和乡镇干部对村委成员的了解。

地面积 2.7 平方千米。村民以种植粮食作物为主，部分村民也种植一些蔬菜作物。

Y 村一直以来就是个穷村，因为农业生产条件比较差，村民的生活水平一直不高，“刁民”比较多。该村情况的特殊性在于：一是属于交界村，社会治安一直比较乱；二是因为挨着河坝，河沙资源丰富，不少混混、灰黑势力都参与进来，政府也参与其中；三是洪涝等自然灾害比较频繁，农业生产经常遭到破坏。因此，村庄的矛盾就比较多。村里寻衅滋事的“操哥”①特别多，他们不务正业，喜欢拉帮结派。不仅本村的，临镇的混混也经常出没在 Y 村。20 世纪 80 至 90 年代，还常有打架斗殴的人。村民整体上外出务工的时间比较晚，不少年轻人好吃懒做，宁愿在村里闲逛也不愿意出去打工，这种情况在 2005 年以后有所好转，外出务工的人多了。特别是 2008 年以后，待在村里的年轻人就非常少了。

20 世纪 90 年代末期，由于河沙的开采和买卖，村庄一直不太平。开采不仅破坏了沿岸几个小组的耕地，而且村庄的道路等基础设施也遭到破坏，再加上农业税费的收取有时过于粗暴，村干部的一些胡乱作为导致村民的情绪和意见非常大，村民十分不满，村庄秩序比较混乱。乡镇政府采用“以暴治乱”的管理方式，请当时村里的“村霸”罗旺发出手管理。罗旺发本是混混，善于结交一些地方势力。他凭借个人势力在河沙开采中获得巨大利益，逐渐因财富权势而成为村庄中的“一霸”，没人敢得罪他。乡镇干部也想借他的势力和影响来维持村庄秩序。他出任村干部也是考虑到当村干部对自己有好处，可以控制村民闹事，保证外面的老板正常挖沙。再加上当时下派到村的干部跟他的关系还不错，他就同意当一段时间的村干部。也是借助村干部的身份，罗旺发逐渐进入体制内，与体制内领导的关系打通，进而尝到了与政府打交道的“甜头”。

2006 年前后，上级政府禁止村民乱采乱挖河沙资源，罗旺发的“财

① “操哥”是当地的土话，主要是指一些不务正业的无赖、好勇斗狠的混混、有灰黑背景的人。

源"就被断了。村里唯一一点财源被切断之后，罗旺发就提出辞职不干了。实际上在罗旺发担任村干部期间，他很少参与村庄治理，村里的事务都交给他的手下去管理。罗旺发在当职时，就提拔自己手下的一些小混混为副职干部，罗旺发辞去职务之后，他的手下也大都跟着他进城了。

罗旺发在2000年左右就成为百万元级别的富人，有钱有势，能为基层政府办事，摆得平村民，也能解决地方政府的燃眉之急。他当书记的那段时间，也赚到了不少好处，然而，村民并不反感，反而都愿意他来当村干部。罗旺发从不自己出面做恶人，而是专当"擦屁股"的角色。他手下在村里闹了事，他就出来摆平一下。2002年，村民因为河坝复垦补偿的问题闹事，乡政府求助罗旺发解决。罗旺发针对村民的诉求自己出钱小修小补了一下，但很少有人认为罗旺发才是导致问题产生的根源，反而很感激他的"慈善公益"行为。罗旺发担任村干部时也做了一些事，修路、修村公所，也经常给贫困户一些钱，村民有什么事情找他，他还是比较愿意帮忙的。在他担任两届村书记期间，村里治安也很好，因此，他在村里的威望比较高。而在他之前，村里的偷盗、打架斗殴、邻里之间的矛盾纠纷都很多。往年的上访户很多，他来当干部后，上访户减少，闹事的也不见了。

他私人掏钱给你解决，你能说什么，只能说他好。私人出钱大家都很感激，国家出钱大家都认为应当。不过，罗(旺发)只会出小打小闹的钱，大钱他不可能出，像7队的排水沟，都是向上争取资金的。(Y村会计，ZWC，2015/08/01)

罗旺发在村组干部之中的威信也比较高，他当干部的这些年，务工补贴一分钱也没有拿，全部分发给村里的其他干部，他还自己贴小钱给小组长们发放福利。每年把村组干部带出去旅游一圈，过年过节还经常给福利。一些村组干部也由罗旺发的手下或是跟罗旺发手下有关系的人担任，因此，大家对罗旺发的话都比较愿意听。

以前的书记对小组长很好，每年出去一趟。现在的书记主要是给点

礼品。逢年过节给点东西，当小组长的也有个“想头”。（Y 村 5 组组长，XHQ，2015/08/02）

罗旺发当上村书记的前一两年，在村上还管点事情，之后他就把村里的一些事情交给手下去管理，他自己忙他的生意去了。进城做生意之后，他就更不管村里的事情了，而是交给他的手下全权管理，其中杨道生就是罗旺发提拔上来的村主任。杨道生是 20 世纪 80 至 90 年代的老混混，吸毒、赌博、打架，什么都来，在村民眼里他就是一个烂人，但是在 1996 年左右，杨道生却由乡镇干部提拔上来，做了治保主任和民兵连长。罗旺发上台后就让他来当村主任管理村庄，自己则主要忙于生意上的事情，村里有需要的时候他再出面。杨道生在村里的地位仅次于罗旺发，人称“杨老大”，他自身行为不检点，还经常借着自己村干部的身份以权谋私，挪用集体的财产，还借着给超生户上户口等事情，谋取私利，在他的管理下，村里的秩序越来越乱。他在村公所吸毒的事情也闹得沸沸扬扬，但因为有罗旺发给他撑腰和“擦屁股”，村民的意见和情绪还能控制得住。

村里的钱他贪，小组里的钱他也贪，吸毒的人，胃口怎么能堵得住，他帮别人上户口，每个 1 万～2 万元，时间久了村民肯定有意见。（Y 村书记，YSJ，2015/07/18）

罗旺发走后，村里的一些遗留问题、隐患和矛盾也爆发了出来，下派书记无法主持大局。罗旺发的手下原先在村里胡乱作为，在村里累积的矛盾太多，村民非常有意见，很多小组长自己都丧失了公信力，村组干部已经无法去解决这些问题，更不愿意去招惹闲气，故而消极作为。因此，罗旺发走后，整个村子更加瘫痪了。

罗旺发走后，原先的村干部班底除了会计之外，其他的人都下台了，下派书记一时也选不出合适的人，正派的人不愿意去 Y 村当村干部，而一些待在村里的“懒人”、“歪人”（原先跟着罗旺发的一些人）反而有意向当村干部，但是，乡镇干部根本不愿意再让他们来当村干部，一是不需要收取农业税费，二是觉得他们上台只会把事情闹得更乱。现在，村民因为之前的很多事情动不动就闹到县乡政府，乡镇干部不再敢贸然启用这些“混混”，村里的事情只能让现在的会计做代理村主任来管理。

因为村里实在选不出合适的人选，乡镇又派了一个新的书记。新的下派书记在镇上有自己的产业，经营餐馆、茶楼生意，还是派出所的协警，他自己一年的收入就有 20 万～30 万元，属于留守在村庄中的尚未进城的少数富人。因此，新书记也没有参与村庄治理的动力和热情，更多的是看在乡镇领导的面子上，出来主持下工作。在两任下派书记的治理下，村庄局势逐渐平稳。但新书记对当村干部不热心，他自己还有很多派出所的事情要处理，当上书记之后，对村里的事情也是消极处理的，村级日常工作大都交给他提拔上来的村主任小兰。

当村干部没啥意思，没有啥好处，竟给自己找麻烦了，都是一些鸡毛蒜皮的小事。我又不靠当干部来赚钱，村里那点钱，我还看不上眼。现在的村民也不讲理，为了一点小利益争来争去，乡镇政府在我上台之前说得好好的，要给多少项目，等忽悠我上去，什么项目都没有。一些一事一议的项目，村民既不愿意出钱，又不愿意被占地，做村民的工作十分麻烦，一不高兴就去告你，现在随便哪个老百姓都可以到政府大院去大骂三天，当官得装龟孙还得好酒好肉地请他吃，最后还得说：大爷，您走好！我想现在这样发展下去，以后没人当官了，现在有些基层政府办事能力太弱了，上级官员都不担责！像我们这样的，就更不想做事了，都说上级又拨了多少多少，老百姓看电视的时间比我们还多，就说又被这些龟儿子吃完了，而我们政府说啥都没用。（Y 村书记，YSJ，2015/07/19）

2. 其他村干部

Y 村的村主任小兰 36 岁，有一个 4 岁的女儿，老公属于上门女婿，长年在外面的工地上做活。小兰上任以后，逐渐承担起村庄中大部分事务，替村书记来管理村庄。与村书记的消极不同，村主任对村里的事情比较积极，她自己也是一个典型的女强人。她因为家里有一个年迈的母亲，自己又是独女，无法出去打工，毕业后就回到村里，在村里当村医。小兰年轻有文化，又热心周到，再加上村医的工作，她在村庄中的人缘比较好，村民对她也比较熟悉和信任。因此，2002 年她被推选为妇女主任，2012 年又被提拔为村主任。

小兰在村庄中的声誉还来自她“女强人”的称号。自从 2000 年在村里做村医以后，小兰就开始尝试各种能赚钱的业务，除了管好自己的几亩地外，小兰还卖过农药、化肥，摆过小摊，也尝试过去邻近的县城做夜宵店等。2014 年又流转了邻村的近 50 多亩地(目前尚在投入成本阶段)。小兰家现在的家庭收入主要是土地收入 1 万元左右、丈夫打工的收入 5 万～7 万元，她自己的卫生站收入有 6 万～7 万元，再加上村干部的收入差不多 1 万元，一年的总收入有 12 万～16 万元。除了平时的开销外，小兰并不爱吃喝玩乐，剩余的时间都在忙生产和卫生站的事情。因此，小兰的支出开销比较少，每年人情花费 1 万元左右，生活开销 2 万元，车费 1 万元，一年开销在 3 万～4 万元。

即使这样，小兰也不满足现有的收入和成就。她是独生女，丈夫是个上门女婿，很少管家里的事情，长期在外打工。她就把家里的担子挑在自己身上，看到别人过得比自己好，她觉得有压力，不想太落后。当选村主任期间，对村里的事情积极负责，对村民的事情也很热心、有耐心，乡镇领导也很认可她的工作。

可能因为我是村医，大家都认识我，也愿意找我帮忙，我现在年轻，趁着年轻多打拼，现在出去混的人都不差，我也不能太差。反正自己在村里，当主任是顺带的事情，也可以借机锻炼下自己。可以结识很多的人，可以向他们学习技术、经验，也可以从乡镇领导干部那里获得很多的信息和培训机会，这对自己都有好处。(Y 村主任小兰，2015/07/19)

由于村书记是镇上下派下来的，经常不在村里。村里的很多事情都是村主任小兰在负责，小兰没有强硬的社会关系，在村庄中也只属于中上层，能当上村主任与她年轻肯干、肯吃苦、肯付出有关。村里的会计、妇女主任不怎么做事，村书记只在一些大事上出面，小兰就处理日常的村务工作。

小兰担任村医的职务，天天在村里，能够随时处理村里的事。她又积极负责，渐渐地也积累起了自己的威信。她跟各个小组长的关系都不错，小组长和村民的诉求她都尽心尽力地去解决，实在解决不了的就会求助村书记和乡镇领导，村民对她也比较信服。但是小兰的处境也是比较困难的，她所在的村庄属于边界村，基本上乡镇领导关注比较少，村里的项目资源比较少，村庄的基础设施建设也比较差。村民对水利和道路等公共品建设的需求比较强烈，经常有村民因为水利设施闹事。小兰为村民的事情经常上下协调、沟通，村民也知道小兰尽力了，并不责怪，明白这是想借闹事来向上要点项目资源，保证农业收成。

Y 村的村会计是个老会计，跟小兰是截然相反的两种类型。他比较好吃懒做，当兵退伍回来就出任村里的民兵连长，后出任会计。但是他在当村干部期间，没有扩大自己的正经收入来源，而是借着村干部的身份，靠贪占点集体资源过日子。在农业税费时期，他借助村公职的身份牟取私利还能过日子，进入后税费时期后这种空间非常小，不容易贪，日子过得越来越困窘，偶尔还要靠离婚的老婆接济。乡镇领导和村书记一直想把他辞退，碍于他干了很多年会计的面子，一直没有辞退。

Y 村的妇女主任，34 岁，因为文化水平较高，又比较年轻，而被选为妇女主任。她丈夫在外务工，一年有 3 万～4 万元的收入，她在家里种点地，主要是处理村里的一些行政事务。

Y 村的村委班子中，村书记和村主任的经济实力比较强，村会计和妇女主任的收入则相对较低。但是，Y 村的村委班子并不像 D 村整体上比较得力，实际上较为积极、得力的只有村主任一个人。但是，在村书记、村主任的带领下，村里的事情基本上仍能稳得住。表 4-2 为 Y 村村委的基本情况。

表 4-2　Y 村村委基本情况

行政村	职务	任职时间、经历	收支构成	阶层位置
Y 村	村支书	1998 年在派出所任协警，2012 年下派任村书记	务农、经营饭店、协警	富裕阶层
	村主任	2002—2004 年任妇女主任，2012 年任村主任	村医、种植大户	中上阶层
	村会计	1992—2007 年任民兵连长，2007 年任村会计	务农	中下阶层
	妇女主任	2008 年任妇女主任	务工、种地	中下阶层

注：数据来源于对村干部和村民的实地调研。

与 D 村不同，Y 村因为有河沙资源，村中和地方上的社会势力控制了河沙资源的开采，出现了富人当村干部的现象。然而，随着禁止开采河沙资源，当村干部也没有什么利益可言了，富人书记就逐渐退出。在经过长时间的历练后，积极负责的村主任小兰上台了。慢慢的村庄事务逐渐落到较为积极负责的小兰身上。小兰虽然不属于富人，但生活水平还不错，在村庄中也属于中上层，有焦虑的心情，也积极奋进，会尽量抓住一些向上发展的机会。小兰借助村干部的平台，也在乡镇范围内积极开拓自己的社会关系和人脉资源，获得一些市场信息和政策信息，以多方面开拓自己的视野，更好地扩展自己的收入渠道。因此，小兰担任村主任的工作，也十分有益于其自身的生产和发展，在村庄事务之中也十分积极。小兰生活在村庄之中，了解农民的诉求和难处，同时，她作为村医为村民提供医疗公共服务，经常与村民保持紧密的关系。她自身还从事农业生产，承包的 50 亩土地属于低地，生产条件并不好，也十分希望乡镇政府能够给点项目，改善农业生产设施，她自己也多次找乡镇政府反映情况。她较为了解农民的疾苦，也愿意为村民办事。对自身利益和村庄公共事务的关切，才使得小兰这样的干部逐渐在富人干部和不务正业的干部中凸显而出，成为村级治理较为积极的力量。乡镇领导也发现了她的作为，并加强对她的培养和提拔。

除了Y村的富人干部逐渐退出村庄之外，其他村里的一些富人干部，特别是富人群体也渐渐退出了村庄治理的舞台，富人退出村庄治理的舞台已成大势。一些富人是在20世纪90年代兴办砖厂、油厂等乡镇企业起家的，2000年以后，随着国家在资源管理方面的正规化，市场经济也逐渐走向正规化和集聚化，偏远地方的乡镇因为缺乏优势的经济地理区位，市场空间不断被压缩，这也让留在村里的富人群体因为缺乏获利空间而转入城市活动，留守在村里的一些富人群体也逐渐退出村庄，仅剩个别可能在乡镇做点家电、餐厅、农资等生意的"小富群体"。随着农业税费的取消，富人群体更是缺乏参与村级治理的动力，乡镇政府也难以提供可吸引富人群体参政的资源。

（三）中农干部的接替

取消农业税费以后，汉镇的主职村干部，除了E村和G村的书记、主任是资历较老的村干部外，大部分行政村的主职干部都进行了替换，原先的老书记、老主任由于各式各样的原因主动或是被动下台。税费时期的干部整体上呈现出"好勇斗狠"的特征，特别是典型村和明星村的干部大都是"狠人""强人"型的。他们要么有一定的家族势力，要么跟混混、灰黑势力有一定的关系，乡镇政府恰恰需要这部分人的"横暴权力"来完成收取农业税费、计划生育等政治任务。这部分狠人、强人愿意参与到村庄治理之中，不惜得罪村民以完成乡镇政府分配的各项任务，也是由于在完成自上而下的任务之中拥有一定的"剩余索取权"，村干部的职位有一定的谋利空间。因此，他们参与村庄治理的积极性比较高，为了完成收取农业税费的任务，乡镇政府也都默许他们的谋利行为。再加上当时的政治环境也相对较为宽松，国家并不十分追究村干部的谋利行为，一切以资源汲取为重；村民的监督意识也不强，上访维权等政治环境也还未形成，村干部的谋利行为也就属于正常。

村干部谋利空间的存在，某种程度上补偿了一些村干部因为无法外出务工所造成的与普通村民的收入差异。一方面他们能够利用村干部的职位优势扩大自己的农副业生产和获得多种兼业收入，另一方面他们也可以借助村干部的资源分配和控制权而获利。但是随着市场经济的发展和农业生产要素成本的不断提升，外出务工经商的收益越来越高于务农的收益，留守在村庄之中的机会成本越来越高，出现了村干部在村庄的经济地位相对下滑的情况。且不少村干部对自身的农副业生产经营也并不十分上心，部分是由于把时间投入在村级事务之中，忙于收取农业税费、计划生育、公共事业建设等，没有足够的精力来开拓自己的收入来源，逐渐在农民的经济分化中落后了。加上部分村干部好吃懒做，靠村干部的身份来获取非正当收入，特别是一些混混式的村干部。这两类干部的家庭之中如果缺乏劳动力或是家庭成员有病残现象的，家庭整体收入就比较差，在村庄的经济社会分化中，逐渐沦为村庄的中低层。

这种村干部的经济状况，在取消农业税费之后更为困难，村干部的谋利空间基本被取消了，部分没有农副业生产收入，也难以在基层市场中获得多种收入来源的村干部，生活境况更加糟糕。一部分村干部只能想点“歪路”来维持生活，但这种想法随着国家治理的转型和农民权利意识的觉醒，越来越不实际，有些甚至被村民举报下台，这些难以在村庄之中通过正规途径进行家庭生产和再生产的村干部就逐渐退出村级治理。只有那些在村庄或是集镇范围内有正规收入且收入还不错的老干部才能继续当选村干部。大部分老干部迫于参与村庄竞争和家庭再生产的压力，无法继续当选村干部，要么主动辞职不干，要么因为自己的谋利行为而被动辞职。

从乡镇层面来说，乡镇政府也有意向将这些老干部换下去，后税费时期乡镇工作的重心由资源汲取变为资源输入，与村民利益对抗的任务基本取消。乡镇政府也不再需要靠一些狠人型的老干部来收取农业税费。随着项目制的实施和惠农资源的输入，“争资跑项”成为乡镇工作的重点，也成为乡镇党委机关和村民选取村干部的重要标准，那些有一定经济实力和社会关系资本的富人成为乡镇领导青睐的对象。但是,因为当干部的谋利空间较小,富人群体参与村级治理的动力不足,原先村庄中的富人干部等大都主动辞职不干。

因此,村庄中的一些狠人、富人等强势群体逐渐退出村庄治理,一部分能够适应新形势,利用自己的社会关系资源,靠着自己的勤劳在村庄或是基层市场上进行家庭生产和再生产的青壮年就逐渐成为他们的替代人选。他们大部分是在集镇范围中有一定的收入来源和经济基础的“中农”。比“富”不足,比“下”有余,与村庄的狠人、富人等相比,他们可能显得较为“弱势”,权威不足。但与普通村民相比,他们又有一定的才干和影响力,不管这种影响力是来自知识、信息、技术、文化水平等能力,还是他们的社会活动能力。他们属于留守的年富力强的群体,在村庄人、财、物流失的大背景下,他们就成为村级治理的主体。

不排除个别老干部家庭生产和村级管理两不误,并没有在这次经济分化之中落下步伐,也能适应治理环境的转变,没有被替代。但整体上,村庄中的老干部逐渐被一部分年轻的中农群体所替代,他们有的先担任村级的一些副职职务,慢慢成为村庄的主职干部,有的被直接提拔。特别是在农业税费改革以后,这批新成长起来的村庄精英,因为思想、能力、经济实力跟得上基层治理转型的步伐,逐渐成为村治的主力。

表 4-3 为汉镇主职干部的基本情况。

表 4-3　汉镇主职干部的基本情况

行政村	职务	任职时间、经历	收支构成	阶层位置
H 村	村支书	1983 年外出做水果生意,2003 年回村,2004 年任村主任,2010 年任村书记	包工程、水果生意、农资店	富裕阶层
	村主任	1998 年前在外务工,1999 年在 S 村做镇农技员,2011 年任 H 村村主任	务农、农业技术员	中下阶层

续表

行政村	职务	任职时间、经历	收支构成	阶层位置
P村	村支书	2004年当民兵连长，2008年当村书记	务农、地租，之前经营过砖厂	富裕阶层
	村主任	1991年任村会计，2013年任村主任	务农、专职会计	中下阶层
D村	村支书	1998年为民兵联防队成员，2001年选为村委委员，专职会计，2005年任大队会计，2008年任合并村村主任，2010年任村书记	务农、茶馆、商铺、运输	中下阶层
	村主任	1998年为小村的文书，2005年任小村村主任，2008年任合并村村主任	务农、养牛、灌煤气	中上阶层
Y村	村支书	2009年任村书记	务农、饭店、协警	富裕阶层
	村主任	2002—2004年任妇女主任，2012年任村主任	村医、种植大户	中上阶层
C村	村支书	1995年在派出所上班，1999年任小村村书记，2006年任S村村书记，2009年任C村村书记	务农、包工程、电工	中下阶层
	村主任	1980—1985年任治保主任，1991—1996年任村书记，2008年合并村后任村主任	务农、打工	中下阶层
G村	村支书	1985年当专业会计，1992年当村主任，2001当村书记	务农、包工程、茶馆	中下阶层
	村主任	1988—1991年，帮税收办征税，1998年任民兵连长，2007年合并村之后任村主任	务农、开沙车	中下阶层

续表

行政村	职务	任职时间、经历	收支构成	阶层位置
E村	村支书	1991年任民兵连长，1994年当村主任，2003年当村书记，兼任两届村主任，一肩挑，合并之后只干村书记	务农、商店	中下阶层
	村主任	1989年任民兵连长，2002年任村主任，村子合并之后一直是村主任	务农、养蜂、小工，儿子打工收入较高	中上阶层
S村	村支书	1995年在派出所上班，2006年任S村村书记，2009年任C村村书记	务农、包工程、电工	中下阶层
	村主任	1991年任民兵连长，1995年任村主任	务农、商店	中下阶层
J村	村支书	2007年任村书记	务农、茶馆	中下阶层
	村主任	2000年当民兵连长，2007年下半年当村主任	种果树，自种自卖	中下阶层
居委会	村支书	1995—2006年在派出所上班，也做过包工头，1999—2003年任C村村书记，2006年赴广州打工，2008年回村，2011年任村书记	农业、面馆	中下阶层

注：数据来源于对各村村干部和村民的实地调研。

二、治理目标与资源不匹配情况下乡镇政府的选择

中农成为村治主体不单是因为他们有一定的参政动力和经济社会基础，也是外在治理环境变化的结果。农村税费改革以后，国家与农民的关系发生了变化，政府组织也从管控型向服务型政府转变。国家治理转型对乡村治理主体的变革也产生了深刻的影响，不仅改变了乡村治理的目

标任务、治理的资源手段，也间接地改变了乡、村两级关系，治理主体与治理对象之间的关系。村级治理呈现维持型、富人治村型等不同类型（赵晓峰、张红，2012）。因此，本小节将从乡村治理的目标任务、治理资源和治理对象的变化等方面来进一步论述中农成为村治主体的客观基础。

（一）乡镇政府的目标与分类治理

汉镇作为农业型乡镇，一直以来财政境况就比较窘迫，没有工商业等创收来源，乡镇的财政仅能勉强维持运转，负债的情况比较普遍。农业税费的取消和项目制的实施，使得汉镇政府基本上丧失了能够做事的资源和收入来源。汉镇属于全额财政拨款单位，只能靠有限的财政转移经费来维持乡镇基本的运转。2014 年，汉镇的财政转移支付是 340 多万元，除了乡镇机构人员的基本工资和日常开支，每年所剩的收入根本无法开展建设，难以满足整个乡镇的运转。很多时候，都要靠乡镇领导去各个县市单位“化缘”，争取运转经费。

虽然，乡镇上运转的资源和收入十分有限，但乡镇政府却仍有强大的“事权”和“政绩”压力，“锦标赛”和“压力型”体制仍是各个基层政府面临的基本体制性约束（荣敬本等，1998；周黎安，2007）。有研究也指出，现实中的乡镇政府实际上要面对三重目标和任务（李祖佩，2013）：一方面乡镇干部在压力型体制下必须完成上级政府分配下来的各项行政任务，还有不少超出自身行政职责的“政治任务”；另一方面，在锦标赛的竞争体制下，乡镇政权还必须创造“政绩”，来满足地方政府和乡村领导人对政绩的诉求；第三，乡镇政府还必须承担乡村事务中的公共职能。此外，作为科层体系的末端，乡镇政府必须全面对基层社会进行负责，实行兜底负责制，防止村庄“出事”和瘫痪（杨华，2014）。税费改革以后，乡镇政府要在有限的资源条件下，满足上述多重目标。为了能够实现上述目标，乡镇政府需要最大限度地整合资源，不管是动员精英，还是从外界争取各种资源，总之，采取一切手段和方式来提升政绩。

汉镇政府基于“自利”的考虑，在完成基本行政任务的基础上，更多的是考虑如何依托项目运作创造亮点，短期内最大化地提升政绩（李祖佩，2014）。造典型和分类治理也成为乡镇政府的策略之举。在典型村和非典型村的治理上，也产生了不同的治理要求，典型村追求的是政绩，非典型村只要保持基本的村庄秩序即可（李元珍，2015）。

一般来说，按照项目资源的倾斜度和乡镇工作的重点来说，可以把村庄分为“典型村”“一般村”和“边缘村”。乡镇政府会把项目资源重点放在典型村上，工作的重心和精力也很大程度上投入在典型村上。典型村可能是因为地理位置优势、靠近乡镇，或是某种优势可以发掘和造点，或许只是因为村组干部比较听话，乡镇政府对于“典型村”村干部的工作支持力度也非常大，而对典型村村干部的选择，更倾向于一些有权势的“富人干部”。由于项目建设都需要地方的配套资金，乡镇干部倾向于让富人干部先来垫资。

而对于一些地理位置偏远、村级秩序较差、村级矛盾比较复杂的边缘性村庄，乡镇政府只能选择一些“讲狠”的中农来维持秩序，对这些边缘村庄投入的资源和精力最少，只要村委班子能够稳得住村民，村里不出事就好。而对于处于中间状态，矛盾不是很复杂，没有什么区位、资源优势，也没有什么特色的一般性村庄，乡镇政府更倾向于选择一些“好人式”的中农来管理。乡镇政府对这类村庄的资源投入不多，但由于这些“好人式”中农干部积极负责，村民有一定的集体行动能力，乡镇政府在项目资源的分配上也会给予一些小型项目，有了这些小型项目，村干部就有一定的权威，治理的积极性就能调动起来，能够维持基本的村级秩序。因此，乡镇总体上出现了个别典型村＋富人干部，大量一般村＋中农干部的治理类型和精英结构。

表 4-4 为汉镇 2013—2014 年的项目资源分配情况。

表 4-4　汉镇 2013—2014 年的项目资源分配表

行政村	村庄类型	项目资源	得到乡镇政府的支持程度	村主职干部类型
H 村	中心村：有景点，老典型	近 500 万元	得到农村税改到现在历届党委书记的支持，经常帮助工作	富人(村书记) 中农(村主任)
P 村	中心村：近郊，新典型	近 400 万元	得到现任党委书记的支持，乡镇经常下村帮助工作	富人 中农
C 村	边缘村：家族矛盾多	30 多万元	贫困村，一直以来，家族矛盾多，下派书记多，现在让 S 村的书记代理治理	中农 中农
Y 村	边缘村：边界村，原先有砂石资源，混混多，治安乱	40 多万元	改革开放以后，下派书记多，一直是下派书记或混混维持治理	中农 中农
D 村	一般村	50 多万元	一般	中农 中农
G 村	一般村	30 多万元	一般	中农 中农
E 村	一般村	30 多万元	一般	中农 中农
S 村	一般村	40 多万元	一般	中农 中农
J 村	一般村	30 多万元	一般	中农 中农

续表

行政村	村庄类型	项目资源	得到乡镇政府的支持程度	村主职干部类型
乡镇	—	部门资金900多万元，外加一些一事一议项目	—	—

注：根据乡镇农业办、财政所以及乡镇领导的采访综合统计而来。

项目制下，大部分资源匮乏的中西部农业型乡镇没有足够的财政资金支撑，基层政府不得不策略性地制造“典型”来争取更多的资源。官僚体制本身的逻辑，决定了乡镇政府在项目资金的安排和分配上倾向于能出政绩的村庄，因此，在项目资源的分配和工作的重点上就呈现出上述差异。汉镇的几届政府领导人一直把项目放在村民较为听话，又有一定景点基础的H村和靠近乡镇的P村。而对于非典型村，更多的是靠村干部个人的治理能力，乡镇政府只做最后的托底。

汉镇位于平原到山区的过渡地带，山区地带的村庄在雨季容易发生泥石流、滑坡等地质灾害，旱季则会出现生产、生活用水困难的问题，因此，村民对灌溉用的水井、水窖需求量比较大，特别是位于山顶的2个村庄。此外，山区交通条件不便利也让村民对道路等基础设施的需求比较强烈。山区种植生产条件比较差，青壮年劳动力大都外出打工。留守在村庄的中老年村民更需要改善农业生产生活设施，但是，村民的这种利益诉求却一直得不到有效满足。东部平原地区的几个村庄有条河流穿过，不少村民的庄稼就位于河滩地上，由于没有排水设施，再加上地势比较低洼，也很容易遇到水排不出去的难题，村民非常希望修一条排水沟。此外，不仅水渠和排水设施不足，这片河滩地之前经常有挖沙的工程，常年有大车经过，道路等基础设施被损害得厉害。有些地方是村民新开拓的荒滩地，道路等设施根本没有，村民迫切希望能够新建一些道路。这些自然环境条件最差的山区村庄和河滩村庄对水井、水窖、水渠、道路等基础性公共品的需求比较强烈。但是，因为这些村庄都位于边缘地带，且需要投入的成本相对较高，政绩效果并不明显，乡镇政府并没有把项目分配给这些村庄，而是把有限的资源分配给了生产、生活设施还算不错的中部平原村庄，H 村和 P 村这两个村庄离乡镇政府最近，生产条件和地理位置比较优越，这两个村成为乡镇政府重点打造的典型。

H 村是全镇项目工程资源最多、基础设施条件最好的村庄，村庄的工程也呈现出全覆盖的局面。H 村毗邻乡镇的中心位置，人口有 2100 人，土地有 2500 亩，人均 1 亩多地，共 642 户，现有 13 个小组。村民以种植柚子等果树为主，历来是乡镇政府打造的重点，20 世纪 90 年代就成为乡镇的典型村，各项任务排名都比较靠前。农村税费改革以后，借助村里一个特色的山丘景点，乡镇干部逐渐把它打造为以农家乐和休闲旅游为主题的旅游示范村。借此，H 村的村干部和村民也享有更为特殊的待遇和更多的资源。并且 H 村农业生产的自然条件本身就比较好，没有什么洪涝、滑坡等地质灾害，经过一段时间的基础设施建设和典型村打造，H 村已经成为全镇生产、生活设施最好的村。目前，H 村已建成的项目包括 500 亩观光果园，配备 5000 米观光道路、两个休憩亭、一个广场；硬化村、社道路 8587 米；规划修建了两个村民集中聚居区，共有 34 户村民，聚居区完成了 7000 余平方米的村居彩砖铺设工作；修建垃圾池 27 个，净化池 2 个，配备垃圾转运车一辆；进行了“一池三改”工作，建有沼气池 600 余口，改厨、改厕 2500 余平方米。另外，50000 米灌溉水沟已安设 U 形槽硬化，整治山坪塘蓄水池 27 个，扩建蓄水池 7 个，修建石河堰 2 处，改建提灌站 2 个；在农村安全饮水工程建设方面，机打深井一口，修建 18 米高水塔一个。而相对来说，其他村庄的资源就比较少，基本上只能靠一事一议的项目资金和对口单位的帮扶资金来完成村庄建设。（乡镇农业办，YLC，2015/09/02）

为建设这些典型，乡镇政府几乎是整合全镇所有的项目资源，并不是按照项目本身的用途来使用的。拿扶贫项目来说，2011—2013 年的扶贫资金为 240 万元，全部用来分配给了最不需要扶贫的 H 村和 P 村。其中产业扶贫资金 140 万元（H 村 61.5 万元，P 村 78.5 万元），扶贫解困资金 100 万元（H 村 36 万元，P 村 64 万元）。2013 年，所有的涉农项目经乡镇和县市部门的调节和整合，继续投入到 H 村和 P 村项目景点的打造上，差不多整合部门资金 900 余万元（项目资金分 2～3 年投入）。

乡镇政府在打造典型的过程中，更愿意选择一些富人精英来做村干部。“典型村＋富人治村”的模式更具有宣传效应，更能够出政绩，也更容易产生优势互补和利益互惠。基层政府可以依赖富人个人的资源来解决“争资跑项”和“治权弱化”的困境。富人的财富、社会资本和权势影响力，与项目制的运作逻辑天然相契合。困窘的乡镇政府希望借助富人来跑关系争取项目，有时不得不借助富人的资金来垫资造点，也希望利用富人个人的影响力来解决项目落地和施工过程中出现的问题，特别是在市场经济下，财富已经成为权力构建和权力运作的重要基础。富人一般有一定的灰黑背景，能够压制村庄中闹事的人。另一方面，乡镇政府也希望富人干部能够承担起传统“士绅”的作用和功能，在村庄公益事业和村级治理之中发挥一定的奉献精神，减少乡镇治理的任务和减轻压力。因此，富人干部就成为乡镇政权在现实的治理背景下普遍愿意选择的对象。典型村的项目资源较多，一些富人也愿意参政，但对于非典型村，富人参政的兴趣就不大了。

（二）非典型村与中农干部

对于大部分非典型村庄，因为项目资源比较少，利益稀缺，无法激励富人当村干部。对于这些村庄，乡镇政府往往选择一些长期在村庄中生产生活、经济收入还不错的中农做村干部，形成“一般村＋中农干部”的村级治理模式。他们虽然没有富人或狠人有势力，但能够应付得来。普通村庄既不像典型村有大量的项目建设，会产生较多的矛盾利益纠纷，也不像个别瘫痪村，村庄历史遗留问题或是村庄治理的环境比较复杂。总体上说来，一般性村庄的村级公务并不复杂，作为中农型的精英，他们比普通村民要有头脑和上进心，对外界的各种信息接受能力强，经济地位也比普通村民要高些，并且有一定的工作能力，对乡镇政府的各项任务和村民的事情也比较积极，因而成为村干部的重点人选。对于这些干部，乡镇政府是最放心的，也是花精力最少的。对于一些边界村或村庄家族斗争等历史问题比较多，村级矛盾比较复杂甚至是瘫痪的村庄，乡镇政府出于暂时维持秩序的考虑，可能也会下派一些得力的乡镇干部或是乡镇上一些精英，帮助村委解决一些复杂问题，配好村委班子，并培养一些能够镇得住场面、较为积极的中农干部。

乡镇的领导干部最满意的三个干部，一个是H村的书记，另一个是D村的书记，再就是Y村的主任。H村的书记比较善于“混”关系，能够争取到较多的项目资源，能办成事情，再就是比较听从乡镇干部安排，并没有直接占取村民的利益，比较会为人处世，村民对其并没有太大的意见，虽然村级事务很少自己亲自去做。对D村的书记乡镇领导干部比较满意的原因是：比较听话，村庄治理还不错，村委班子领导能力强，各项行政事务的安排和村级矛盾能够及时得到处理。再就是Y村的主任，比较公正负责，能够为村民的事情积极负责。（根据乡镇党委书记、副书记、镇长以及一些副职干部的描述整理）

最差的村干部是不负责的、想歪主意的村干部，再就是只会蛮干的村干部。（乡镇党委书记，SY，2015/09/22）

一般来说，中农干部上台往往需要乡镇政府的帮助，由于中农干部大都是一些普通农民，并没有什么雄厚的经济实力和特殊的社会关系，在争资金跑项目上的能力并不强，需要借助乡镇政府的帮助慢慢打开局面。乡镇政府一般会带来一些小型的项目工程，帮助中农干部树立起威望，并帮助中农干部建立起与一些市县部门领导的联系。村庄中一些突发性、应急性的问题，乃至一些急需的项目，乡镇政府也可以掏出一部分资金帮助解决问题，也可以帮助村书记向有关的部门争取一些项目。此外，每个村庄都有对口的帮扶单位，这些帮扶单位每年都能带来一点小项目和帮扶资金，帮助村里解决公共品问题和维持村庄的正常运转。这些项目和资金并不多，但可以帮助村干部不断地推进村庄建设，成为村干部开展村级治理的资源，中农干部也因此有一定权威和做事的积极性。利用这部分资金也可以调动起村民的参与热情。

有了这些项目就可以做事，否则什么都做不了，从（上级）政府要点项目，对口帮扶单位每年再给个几万，说多不多，说少不少，再加上一点一事一议，还是能做点事情。（E村的书记，ZWC，2015/08/11）

除了个别样板村和典型村项目资源较多，有一定的利益激励之外，其他的非典型村村庄内部的资源利益激励是比较微弱的，很难激励富人精英来当村干部。非典型村的项目资源少，但乡镇政府也不会期待这些非典型村能产生什么政绩，也不要求村干部能够积极作为，对这类村庄的期待就是能维持住基本的村庄秩序。因此，大部分村庄村级治理的主要任务就是维持基本的底线秩序、不出事。乡镇政府也倾向于选择能力稍弱，但积极负责的中农群体来当村干部。乡镇政府在培养和协助中农当选村干部及开展治理方面也发挥了积极作用。

三、村级组织的目标任务和角色

（一）维持型村级组织的主要任务

上一节笔者已经论述到，乡镇政府在面临治理目标和治理资源手段不匹配的情况下，为什么选择中农当干部。这一节将从村庄内部的视角，来进一步分析中农干部承担的主要工作内容和任务目标，并说明他们为什么能够胜任村干部的工作。

后税费时期，计划生育和收取农业税费等中心工作任务取消，国家不再向农村汲取资源，并通过资源的输入来稳定农村秩序，农村发展和新农村建设也成为这一时期乡村治理的目标。但在中西部农村地区，由于乡村组织缺乏发展和建设的经济资源和财政实力，村庄发展和新农村建设的进度非常缓慢，这也导致村庄建设和治理的任务并不多，而大多数村级组织也被定位为“维持型”组织①，并不过多承担带动农村经济发展、带领村民致富、建设新农村的责任。因此，与东部发达地区的乡镇面临着复杂的治理任务不同，对中西部地区的普通农村来说，没有太大的资源和利益矛盾纠纷需要去处理，也很少有资源能作为，村干部不需要有太大作为。

村级组织的主要任务就是维持稳定，保障村庄不出现大的问题；保证村级组织正常运转，完成自上而下的政策任务；回应农民的治理诉求，借助自上而下的惠农资源，满足一些基本的公共品需求，特别是水、电、路等基础公共品诉求；分配一些惠农资源以及处理一些矛盾纠纷。村级事务的难度并不大，也比较平和，利益矛盾并不复杂。村干部不具备强势的影响力也能够开展治理工作，村级组织就体现为村民“办小事”②的维持状态。

村干部具体的工作内容可以分为以下几类：①行政类事务，主要是处理村民的签字、填表、盖章、政策咨询，进行农保、社保、低保等行政服务，完成上级安排的政策文件传达，包括应付上级检查等；②纠纷类事务，主要涉及村民个体之间的矛盾纠纷，包括家庭、邻里和乡亲之间的家庭纠纷，地界纠纷，建房纠纷，土地调整等；③自上而下的政治任务和政策宣传，包括维稳、禁止焚烧秸秆、环境整治、土地确权等；④低保、贫困户评选，危房改造，灾害救助等保障类和福利性资源的公平分配；⑤公共品建

---

① 赵晓峰等(2012)认为，当下的中西部农村地区，除了少数“样本村”“示范村”有较多的发展、建设任务外，大部分村庄处于一种维持状态，保障村庄的基本运行，并没有足够的村庄建设、发展的任务。

② 潘维(2016)认为，传统治国是依靠非科层的扁平组织而获取“天下平”的。现代的科层体系可以办大事，却无法“对接”亿万无组织的个人和家庭，无法应对社区内部群众多样的矛盾和复杂的诉求，也难以办理群众“小事”，因此，共产党应当领导人民重建扁平的“社区自组织”。

设问题，主要是水利和道路等基础设施建设；⑥自然灾害、安全事故所引发的应急性事务；⑦应付一些上访户、精神病患者等。其中行政类事务和纠纷类事务占据了村干部的大部分时间，治理的难度主要是在一些低保名额等利益资源分配和公共品建设上。但整体上而言，这些工作都能基本完成，只要村干部公平、公正地去处理，村里的机会主义者就会少很多，村级治理也相对容易开展。特别是对于普通村、一般村而言，这类难事相对较少，村干部的工作内容也少，总体上村级事务的矛盾并不尖锐，主要是处理一些群众小事。

（二）村级事务特征及其对村治主体的要求

1. 事务少

对于大部分普通村来说，村级治理的大部分工作就是去处理纠纷类事务，包括家庭、邻里、土地纠纷等。平均一天 1～3 件事情，一周十来件事情。除了集中要处理的纠纷类事务，平时没有那么多的事务需要村干部去忙碌。具体到每个村干部，一周一般要处理 3～5 件事情，一周花费七八个小时的时间就足够了。其中纠纷调解、农村低保户情况核查等花费的时间最长。对于项目村来说，因为项目比较多，工作任务量要多出一倍，涉及项目开展的时候，村干部需要花上整天的时间，比如村上建设提灌设施，村干部要现场查看线路，研究建设办法等。

再就是处理一些签字、盖章、填表类的行政事务，这类事务可以利用零零碎碎的时间来处理，不会占据村干部太多时间，也没有什么难度。相对来说，村干部要集中花一段时间处理上级分配的“政治任务”和“中心工作”。对于村干部来说，这两年村里的中心任务主要是维稳和环境整治任务：维稳主要是去监督村里的“上访户”不在关键时间段（两会期间）去上访，环境整治主要是管理秸秆禁烧和垃圾清理工作。这两类事情都没有什么太大的难度，主要是花时间去宣传和监督。一般来说，村干部会派小组长和专门的人来做这些工作。

总体上说来，村级事务比较稀少，村干部并不需要把全部时间都投入到村级事务之中，在这些细小琐碎的杂事中，村干部还可以通过具体的分工来分摊一些村级事务，每个人身上承担的事务就更少了。村干部完全可以在忙完村级事务之余把自己的农副业生产处理好，开展正常的家庭生活和社交往来。

2. 平和性

不同于东部发达地区利益密集型村庄内部复杂的矛盾纠纷，中西部地区村庄的主要矛盾体现为村级组织无资源满足村民的一些公共品需求。在中西部农村地区，村庄中可争夺的资源是比较少的，由于不涉及征地拆迁，村级建设的项目比较少，不会引起激烈的利益冲突和农民上访等行为，村庄事务和矛盾纠纷显得比较平和，没有尖锐的对立和复杂的利益纠葛。

村里的上访户大都是因为家庭不养老，婆媳、夫妻矛盾等家族或邻里矛盾，农户之间的土地调整没有协调好，人口增多没有进地等怨气累积所产生的矛盾，村里解决不了，他们就希望通过上访的路径得到解决。一些集体上访就是遭灾了，要补偿、要维修。他们也就到乡镇上去堵，闹到市、县的比较少，闹到北京的没有。（E村书记，ZWC，2015/08/11）

相对来说，村里难度较大的工作是“惠农资源和福利项目”的分配以及一些一事一议等小型项目建设，这两类工作涉及农民的实际利益。在保障性资源的分配中，名额有限，且资金数额量并不大，引起激烈竞争的情况比较少。在低保名额、危房改造、困难救助补贴等资源的分配上，基本上以小组为单位进行公平分配，小组作为一个熟人社会单元，能够保证大家对彼此的情况、条件比较熟悉，信息较为充分。一般经过村组代表的推荐和群众的审核评议，基本上能够选出合适的人员，村干部的行为公正与否大家都有正确的判断，认为不公正的村民可以表示异议、再商讨，只要村干部行为没有过于偏私、有失公正，就不会引起太大的矛盾纠纷。

我不认为低保是什么太大的难事，只要公平、不掺杂私心就行。一些村难度较大可能是工作方法不对，现在越来越规范了，没人敢拿这个来冒风险，还是规规矩矩地让村民参与进来进行评选比较好。（C村书记，LSJ，2015/08/15）

再就是一些项目工程所涉及的土地、地面附属物的补偿等，村庄中的项目和村庄建设都是一些小型工程，至多引起村落中一些耍狠的人、不讲理的人牵涉进来，大的灰黑势力没有兴趣参与，因此，即使在资源下乡的情况下，村庄事务的矛盾复杂性也不会加深。在小型项目建设时，由于涉及占地和损失补偿等问题，相对其他事务来说比较复杂，难度较大。村干部需要反复地开会做工作，但因为都是一些公益项目，再加上项目资源比较稀缺，大部分村民对项目比较渴望，因而也比较支持。对于个别比较强硬的机会主义者，村干部需要动员群众做工作，同时，有些可做可不做的项目，以及占地补偿、出资等问题实在调解不下来，村级组织可以选择停止项目。由于村庄大都属于偏远位置，不属于城镇化的范围，因此，很多工程项目并不是非执行不可，项目的缓冲空间使村庄内部的利益矛盾纠纷表现得并不严重。

搞项目大家都欢迎，基本上一事一议还是搞得下去的，村里项目本来就很少，大家都争着要，你小组内部搞不下来，我就换小组。（E村书记，ZWC，2015/08/11）

3. 不规则性

中西部农村地区农民的生产、生活具有不规则性，不同于工商业社会规律的上下班制，农业生产深受自然环境及地理环境的影响，具有不规律性、季节性，农民的生活习惯和时间观念也是根据农闲、农忙来铺陈，村级组织工作也要灵活机动地按照农业生产和农民生活的特征来安排。在农忙时节，农民白天忙于生产和工作，喜欢在晚上找到村干部，村组干部有什么公共事务，也只有在晚上比较方便召集群众。

村级事务的发生具有不规则性，村干部需要处理的时间也具有不规则性：按照事务轻重缓急的不同，有些事情可以拖延处理，有些事情必须及时处理；有些事情可以集中处理，有些事情只能个别去处理；一些行政类、咨询类事务，很短时间就可以处理，一些矛盾纠纷一两周都解决不了，尖锐复杂的矛盾纠纷一两年都解决不了，只能靠村干部用时间去拖住、稳住。

总之，村级事务的集中性、季节性、突发性等，让村干部只能灵活地安排时间。村干部除了需要对紧急事件和突发灾害进行立即处理外，其他事务可以结合村民和村干部共同方便的时间来处理。

4. 琐碎性

由于村庄建设和项目资源比较少，村庄内部真正大的利益矛盾纠纷并不多，很多都是一些细小琐碎的事情，涉及养老、夫妻关系、邻里关系的调节等。有些事情，村干部去说一说、调节一下就可以，有些事情村干部做上两三个小时的工作也不一定起作用，需要反复去做工作。这些鸡毛蒜皮的小事，涉及群众的爱恨情仇，看似不起眼，却也能成为村级工作的重要内容。再就是一些行政类事务，需要花点时间去处理。

村级事务的性质对村干部的灵活机动性产生了要求，村级事务除了行政性、文件政策之类的事务在村委办公室就能解决外，其他大部分事情大都需要到现场去处理、做工作，特别是田间地头发生的事情，家里、邻里的矛盾纠纷，有些调解工作在私下进行也许更好。村组干部需要按照事务的性质和情境的需要，灵活进行处理。农民生产、生活具有不规则性，不可能像城市的人们一样有规律地安排自己的生产和生活，而是按照自然条件和天气的变化，作物的生长规律及农民的人生任务、村庄熟人社会的人情往来机动地安排生产和生活。农业生产的季节性和自然环境的突发性，特别是洪涝干旱、病虫灾害、雨雪天气等，甚至滑坡等地质灾害，需要村干部及时到场和处理。这些突发性的灾害涉及农民切身的利益，能否及时处理，对村干部获得群众信任非常关键。这就要求村干部的机动性非常强，能够及时赶到，不在村的村干部并不适合。当下村民对村干部的要求，村干部威信和群众基础的来源，就是从处理这些细小琐事上得来的。

总体上说来，村级事务少、具有不规则性、平和性和琐碎性的特征决定了村干部需要灵活机动，并且有一定的耐心去处理村庄的小事，这样并不强势的精英群体也能处理村庄中的事务。中农干部在处理这些小事上具有较大的优势，特别是在当下农业生产主体和农村社会结构发生深刻变化的前提下。作为在村的村干部，他们能与村民发生密切的关联，能及时处理村民的细小琐事。他们不像富人群体那样，重心在自己的生意上，没有过多的闲暇和耐心去管理村民鸡毛蒜皮的小事，他们有时间、精力和积极性来解决这些小事。

Y村的6、7组靠近河坝的位置有片庄稼地，是全村最低的位置，每到下雨发洪水，所有的水田就会最先被淹，雨水多的时节要淹几次。每次被淹，村民总会出来闹，每次闹乡村干部都会到场，但是每次都没有办法解决问题。不少群众找到村主任和村书记当面哭诉自己的庄稼被淹，想让其解决问题。村主任和村书记虽然能感受到村民的苦处，却也无能为力。政府从最开始的承诺会想办法，到最后的拖延，始终没有解决村民的诉求。对于乡镇来说也有自己的考虑，因为Y村属于边界地区，对面乡镇村庄的堤坝和地势要高出6、7组很多，要建排水沟是一个大项目，工程费用要达到百万元级别，对于一个穷乡镇来说，把有限的项目资源和财政资金投入到十几户群众身上，不合理也不划算。村民也知道现在难以解决问题，但是他们除了向乡村领导干部反映，也没有什么办法，不可能每年都看到自己的经济损失无动于衷，每次都希望乡镇能帮多少就帮多少。

村干部也知道这个问题不可能解决，大家只是希望群众情绪稳住，不闹出什么大事就好，所以，村干部每次都及时到场，稳住情绪。但每次都没有办法解决问题。Y村的村干部，尤其是村主任在负责日常工作事务中较为积极、总是率先冲到一线去了解村民的问题、诉求，稳住群众的情绪。对于常年性的、暂时解决不了的问题，只能拖着。村里除了每年的洪涝灾害，也没有什么大的事情发生。每天处理几件鸡毛蒜皮的小事，填报一下材料，就没事了，村民没有什么大的利益纠纷，村干部基本上能够维持秩序。①

四、村级治理对象与权力结构的扁平化

上一节笔者从村级治理的目标任务、治理的主要任务内容和村级事务的特征等方面论述了税费改革以后基层治理转型对治理主体角色和职责要求的变化。这一节，继续从治理对象和村级权力关系的角度来梳理农村社会变革对村治主体角色和能力的要求，从而更好地理解中农为什么能胜任村干部的职责。本节重点围绕治理主体与治理对象的关系，把治理对象分解为精英群体、边缘群体和普通村民等不同影响力的群体，并分析不同群体在村庄政治和治理中的作用及其彼此互动所形塑的权力结构。

（一）村级治理对象

1．精英群体

（1）村庄富人。

除了部分中农，乡镇之中也有个别对乡村社会秩序产生影响的富人精英，虽然富人阶层大都进城了，很少参与农村的生产及生活，但不否认个别富人精英通过垄断乡镇之中的资源和机会以谋取利益，从而参与到乡村治理之中。这些个别富人精英很少在村庄中生产、生活，但他们在村庄政治中却有着重要的影响。他们有的被吸纳为村干部，作为体制精英而存在；有的可能是作为非体制型精英存在，但他们的经济和社会影响力让他们成为乡村之中利益分配的重要参与者。他们的社会关系较为广泛，甚至有点灰黑背景，是村庄乃至乡镇之中较为有权势的精英，这部分富人精英在村庄之中属于少数，在乡镇之中也属于个别现象。在乡镇范

① 材料根据对 Y 村的书记、主任访谈整理得来。

围内，富人精英的数量随着村庄利益资源和经济机会的多少而出现一定的波动，但总体上说，这部分富人群体属于少数。

(2) 村庄狠人。

村庄之中除了富人精英群体，还有一部分拥有影响力的群体，他们能成为村庄精英，乃至获得权力影响力，并非因为自身的经济社会地位或者符合传统和村庄规范的行为，而是因为私人的强力，能够对其他人产生威胁和影响，从而对村级权力结构和村级治理产生影响。他们的权力来自自身的横暴权力，可能是由于自己身体的蛮力，可能是家族势力强大，也可能是因为自身作为地方团伙、灰黑势力的关系，而产生一定的影响力(黄海，2010；陈柏峰，2010)。他们既可以作为村级治理的力量，也可以作为村级治理的难题，从而对村庄秩序产生维系或者破坏、阻隔的作用。

这部分人在村庄中的地位和作用也是不同的，有些位于富人阶层，他们起初作为村庄的小混混，在市场经济的沉浮之中，成为混社会的老大或是转型为富人精英而进入城市；有些狠人自己进城闯荡做点小本买卖或是跟着地方老大“混”，属于二流的混混。他们也算是村庄的中上层，这两类人大都脱离村庄，在城市中谋利。村庄之中还有一部分蛮横、无赖的小混混，他们并没有进城，而是在村庄中生活。这部分人大都好吃懒做、整天玩耍、无所事事，他们在村里并没有什么正规的收入来源。有些村庄有资源和利益的时候，这些人就凭着自己的身体蛮力或是拉帮结派而在村里争取一点小利益；在缺乏资源和利益的村庄，他们只能混吃混喝，在附近的县城或是乡镇走动，这部分人的行为并不受村庄规范的约束，哪里有利益就往哪里钻。他们一直以来就脱离村庄公共规范的约束，要么是作为村庄边缘人存在，对村级公共事务不配合，阻碍村集体的公共事业，在日常的互动中不讲理、不讲人情而被村民所憎恨，要么是作为村级治理的力量，被吸纳进村干部之中。

总体上来说，乡村两级强势的狠人、灰黑势力比较少，他们主要的活动范围在城市，村庄之中大都是一些无赖型、无所事事、斗勇耍横的人，或是拉帮结伙的小混混。他们的收入也主要是一些灰色收入，甚至要依赖家人和朋友的接济，父母从事农副业生产，打点零碎的小工，他们则主要是吃喝玩乐。平时他们不会胡乱作为，主要是在乡镇或是县城活动，但是在村庄公共事务之中，特别是牵涉个人利益时，这些人往往十分不配合，甚至成为阻碍的力量。个别“狠人”，也会进入体制内成为村干部。但是，这部分狠人的治理能力并不是凭借自己的威信和动员能力来展现，更多的是凭借自己的蛮横或是与社会势力的关系而产生的影响力。

2. 边缘群体

除了上述较为有影响力的行为主体之外，影响村级治理的还有一部分边缘群体①——一些机会主义者和上访户(田先红、高万芹，2013)。他们并非村庄精英，而是无权无势的普通村民和缺少优势资源的弱者。机会主义者和上访户在传统时期和革命时期就一直处于被压制的地位，没有什么影响力。但是在税改之后，出于维稳的压力，保护农民的权利和维护弱者的利益就成为主流意识形态，这部分群体缠闹、上访的行为渐渐增多，他们也成为村级治理的主要对象，耗费很多村级治理的资源。村庄建设和集体行动也因为他们的存在而出现一定程度的缓滞。但是，因为村庄利益缺乏，并不具备刺激他们成为“硬钉子”、强上访户的经济利益环境，他们并不会出现什么激烈的行为。同时，也不具备激励他们闹访、缠闹的政治环境，作为偏远的农业村庄，村级依法治理的环境比较弱，这部分人实际上能够被地方政府和村级精英控制住。

这些边缘群体的行为更多的是消极抵抗、不配合村庄的公共事务。对于上访户来说，最多就是到乡镇政府上访，真正层层上访、长年坚持不懈的上访户属于少数，集体上访户更是寥寥无几。而机会主义者也属于个别，由于乡镇上大部分村庄的村级建设工程较少，也没有什么必须完成和全面铺开的建设项目，因此，“强钉子”比较少，个别对村级水利、道路建

① 吕德文(2009)把村庄的边缘群体分为钉子户、上访户，混混、灰黑势力，弱势群体等，本书主要是指钉子户和上访户，他们是后税费时期中西部地区乡村治理的主要对象。

设不配合的机会主义者，也能通过绕开他们或是采取其他方式解决。

3. 普通农民

(1) 积极的老人群体。

村庄之中还有一部分并非年富力强的中农，便是有影响力的“小老人群体”，这部分小老人群体年龄在55～70岁。与精英群体不同，这部分小老人群体并不具有经济、政治或是社会优势，他们在村庄公共事务之中的影响力更多的是来源于他们对村庄公共事务的积极和热心，以及村民对他们的信任。

这部分小老人群体在家庭生产和生活上并没有什么大的任务和压力。因为子女都已结婚生子，家庭生活过得还不错，自己没有什么负担，在家里种点地搞点副业就能养活自己，他们属于时间比较充裕，又脱离家庭负担的一部分老人。在农闲的时候，他们可以在村庄社会事务和公共事务之中发挥点余热，做点有意义的事情。他们对村庄公共事务也比较积极，愿意付出。

他们长期在村庄生活，又是农业生产的主体，村民对他们也比较熟悉和信任，他们对村民的情况和村庄事务也比较熟悉和了解。他们作为普通村民，更能代表村民的利益诉求与村干部进行沟通。并且他们大都在村庄的公共事务和文化活动之中有一定的影响，被视为民间精英的一部分，他们有些是村庄的小组干部、党员、村民代表等。村民大多把他们视为“自己人”，而非“作为国家干部的村干部”，作为村民代表和当家人，他们也有一定的动员能力。

有些老人的子女本身就是富人或是在外当公务员、医生、教授等，算是比较成功的人士，因此这些老人自己在村庄中也有面子，有一定的声望。这部分老人自身也有一定的能力和影响力，有些是原先退休的老村干部，有些是原先外出打工的经济能人，有些是文化水平较高、口才比较好的乡村教师，有些是民间能人等。这些人一般见过世面，公益心较强，口才和组织能力还不错，也经常主持村庄中的红白事，是村民较为信任的人，因而，在村级治理之中的影响力较大。这些民间力量与体制精英实际上也有很多联系，体制精英需要借助他们的力量来开展村级治理。乡村两级干部也通过各种方式把他们吸纳进村小组长、理事长、党员群体中，特别是村干部，非常注重与他们建立紧密的私人关系。他们也是村干部的重要辅助力量，不管是作为体制内的权力精英，还是体制外的民间精英，他们在村级治理之中都起着重要的作用。

(2) 无政治的普通村民。

除了村庄中这些精英人物和村庄的边缘势力之外，大部分村民属于在村庄无政治社会影响力，但有潜在集体行动能力的一般村民。在农业型村庄中，在村的普通村民主要是一些留守老人和部分妇女群体。

作为农业生产的主体，这部分老人对农业生产有较强的依赖性。大多数留守群体对村庄的政治参与是比较少的，至少在没被动员之前是比较冷漠的(罗伯特・A. 达尔，1987)，只有在涉及自身利益的时候才比较敏感。这些人的收入都差不多，比起富裕阶层，他们要靠辛劳的务工来弥补家计的收入，他们的闲暇时间相对来说比较少，主要是专注自己的生活，在村庄治理和政治生活方面的作用并不明显。他们也比较在乎村庄的公共舆论和规范，不会像村庄狠人、机会主义者等边缘群体一样，只顾个人私利而漠视村庄的舆论评价；对农业生产有较强的依赖性，也愿意靠自己的辛勤劳动来获得农业收入，以贴补家庭生产和再生产的需要，而非投机取巧，因而能够积极配合村庄的公共事务。同时，这部分群体也比较消极、保守，不会产生什么大的破坏力，但也不会产生积极的带动作用，更多的是作为跟随者而存在，因此，他们在村里没有什么权力和动员能力。

通过对以上各群体的分析可以看出，汉镇村庄治理对象主要是少量的富人、狠人群体，以及并不强势的边缘群体和沉默的大多数村民。治理对象的类型、数量、特征影响了村级治理难度及对村治主体的要求。实际上，大部分强势精英外流和退出之后，少量并不强势的边缘群体保证了村治主体并不需要强有力的权力和影响力，就能承担治理主体的角色，中农完全可以胜任。此外，中农还有一定的关系建构能力和团结能力，从而更好地实现村庄治理。

（二）中农与治理对象的关系

中农作为村庄中的精英，一般也与村庄中的各类群体保持一定的合作往来，有一定的利益协调能力，起到承上启下的中介和润滑作用。

1. 中农与少数富人、狠人

中农群体与村庄富人和狠人的关系比较微妙，同样作为村庄精英，中农和富人、狠人群体因为彼此的影响力，大都保持一定的往来和人情关系。虽然中农在财富、权势上不如富人和狠人，但是他们在村庄中的影响力并不小于富人、狠人群体，并且有一定的群众基础。当富人或是狠人作为村主职干部时，中农往往成为他们的帮手，彼此之间形成一定的分工、配合关系，中农主要处理内政事务，富人或狠人处理村庄与外界的事务，甚至是不作为、疏于管理。中农作为留守在村庄中的精英，对村庄事务和村民关系较为熟悉，富人干部和狠人干部需要依赖他们开展具体的事务和工作。并且，因为中农的生产、生活空间主要在村庄中，也有时间和闲暇来处理村民的小事，而富人或是狠人大都作为“甩手掌柜”忙于自己的事情。

当富人或是狠人不作为村干部，不在村庄中时，中农干部作为村庄精英也会与他们保持一定的关系，借助他们的力量，特别是富人的力量来完成村庄公共事务，但富人群体一般不愿意亲身参与事务，主要是在一些慈善和公益事业上发挥作用。而对于狠人等社会势力，中农与他们往往是井水不犯河水的关系，但也会互相给予面子，从而达到不妨碍村庄公务的效果。

我跟我们村里的富人关系还不错，大家都乡里乡亲的。现在他们都混得不错了。有时候村里有什么需要，我也会去找他们。跟乡里的一些富人偶尔也一起耍。他们这些有钱人也很平易近人，每次聚会、吃饭、打牌都是他们付钱，久了我们也不好意思，我们也有自尊。再说了，打牌打的级别不一样，别人输了无所谓，我们输了就恼火，物以类聚、人以群分，跟他们的来往就少一些，有要帮忙的，他们也二话不说。现在混社会的人也有钱，都比较低调，不会看不起你，只要你不招惹他们，再说大家都是沾亲带故的，他们一般不会在本村闹事，都出去闹事了，现在村里没啥钱，他们也不会犯傻来闹事，像（20 世纪）80 年代那时纯粹没事找事的歪人少了，现在的混混也都是为了钱。（YJS，G 村书记，2015/08/17）

2. 中农与边缘群体

中农群体与村庄边缘群体存在一定的利益矛盾，但主要属于群众内部矛盾。作为村治精英的中农群体与边缘群体是治理与被治理的关系。村庄中的边缘群体以上访户和钉子户为主，他们是村庄公共事务和公共事业开展的主要阻力。实际上中农干部不怕得罪他们，可以通过动员村民来“孤立”他们，也可以“理直气壮”地采取一些手段来摆平他们。反而是边缘群体比较依赖中农干部，需要通过他们来实现自身的利益诉求，只不过他们的利益诉求大多并不合理，需要不断地向干部和政府施压来实现。值得注意的是，边缘群体的一些合理诉求往往中农干部能够解决的都会给予解决，不能解决的往往都是一些较为复杂和难处理的利益矛盾，中农干部就会在长时间与他们打交道的过程中，通过磨、拖或讲情讲理的方式来缓解他们的情绪。

现在当书记只要熟悉基层工作，没有私心，自己有点经济实力，就能管得过来。有歪人也不怕，只要你没有私心就行，他理不正，在群众面前也不敢乱来，当了那么多年书记，谁不认识两个人。就是怕个别刁蛮的人，他不跟你讲理，他认死理，只能硬来才能把工作做下去。硬来他就给你告状去。告状就告状，大不了干部不当了，我还潇洒，我又不是当不了书记就不能活。当一个书记经济实力是基础，跟一般的老百姓相比，稍微在平均水平以上就可以，今天你发一根烟，明天我也能发一根烟，抽得起、消费得起。不占不欠，自身有一定的实力，就能硬起来。村里的事情并没有什么太大的难度，主要是现在有些老百姓太不讲理，以为村干部占了多少便宜，做什么事都觉得是在害他，搞得当干部的没有积极性。（YJS，G村书记，2015/08/17）

3．中农与积极的老人

中农与村庄中一群积极的、负担不重的留守老人群体构成了村级治理的主力，他们往往成为村干部的重要来源，在村级治理中发挥着重要作用。他们的决策共识和角色行为决定了村庄的政治格局。这部分老人和中农一样，对农业和农村有着较强的利益关系及情感关联，他们是生产道路、水利设施等基本公共品的主要需求者，由于身体条件的限制，他们对节省劳动力的技术和设施改善有着强烈的需求。他们需要依赖中农与政府、市场发生关系，争取村庄公共品和开展村庄建设。在村级治理中，中农干部需要依赖这部分积极的民间力量来开展治理，依赖他们动员村民、开展村民工作，因为这部分老人群体往往在小组和村庄之中有着较高的威信。中农干部和这部分老人群体在村庄建设和公共事务中相互依赖、合作互惠。中农群体和老人群体中的积极分子是村级治理中的积极力量和带动力量，在他们的带动下，更多的村民参与到村庄事务中来。

村里的一些老人特别爱管闲事，他们就喜欢在村里找点事做，特别是一些在外见过世面的，当过老干部的，也都是一些能干人，农业生产搞得好，他们自己也闲不下来，村民还就听他们的。现在的村民都仇视我们当村干部的，以为我们拿了多少东西，让这些老人去做工作就好做些。这些老人也经常找到我们，要我们给钱修沟渠，事情也比较多。有时，我们也烦啊，村里的项目现在主要是靠一事一议在推进，没有那么多钱，只能慢慢来。（ZWC，E村的书记，2015/08/11）

4．中农与普通村民

中农与普通村民的关系也决定了中农具有一定的优势来做群众工作。在留守群体中，中农在身体、年龄、文化、技能方面掌握着普通村民不具备的资源和优势，因而成为大家信赖和依赖的对象。同样作为村庄中生产、生活的主体，中农在经济利益和社会属性上与大多数村民差不多。中农与普通村民一样，对改善与自己息息相关的农业基础设施和生活设施的诉求比较强烈，他们能够代表大多数村民就公共品供给需求与政府进行谈判和协商，他们本人也是公共品改善的较大受益者。他们的收入水平大都位于村庄的中上层，也属于庞大中等收入群体的一部分，在阶层位置上能够起到承上启下的作用，不存在经济收入过高所造成的阶层隔膜和社会距离。他们能够与大多数村民形成紧密的交往关系。

在普通群体之中，大量外出务工的群体常常也需要中农来照看家里的老弱群体以及房屋、土地方面的财产，村庄的一些公共事务和公共活动也需要中农帮忙。中农还可以帮助村民了解村务和国家政策，并帮助他们争取一定的惠农资源，村民对中农的为人、品行也较为熟悉和信赖。中农在家族或是村庄的公共生活中凭借良好的口才、较高的文化水平等，在红白事、家庭邻里纠纷调解方面发挥一定的作用。

我们队里有 10 来户有留守儿童，大部分都是父母长年外出务工，孩子留给爷爷奶奶照看。还有些比较惨，有一户留守儿童，爸爸死了，妈妈改嫁，爷爷奶奶 50 多岁，爷爷在外做泥工，奶奶在集镇市场卖菜，身体不好，还要照看孙子，平时有什么急事就找我帮忙。我有点文化，也懂政策，我看他们也怪可怜，帮忙跑低保，但上面不允许，说他爷爷还是有一定劳动能力的，不符合标准。也有些家庭条件非常好的，有一户留守儿童的爸爸妈妈在河南打工，他爸爸也算是个小管理员，夫妻俩一个月的收入上万，屋里剩下将近 70 岁的爷爷奶奶和一个上学的儿子，他们家的事情都是我在操办，我们也算是要好的朋友，互相照应也是应该，他们的 4 亩地我也种了一部分。（HL，G 村 5 组、10 组、11 组小组长，2015/08/20）

总之，村庄富人精英和混混式的狠人都是个别的，他们很少参与村级治理，对村庄的影响比较有限。至于少量机会主义者和上访户等边缘群体，他们并不十分强悍，在村庄中并不会掀起大风大浪。再加上大多数村民忙于家庭经营，参与村庄公共事务的积极性不高，在这种局面下，中农逐渐成为掌握经济、社会和政治资源等优势的精英群体。但是中农掌握的资源并不足以使其在村级权力结构中凸显出来，成为一家独大或垄断型的强势精英，而是与大多数村民保持一定的交往关系和平等的社会地位关系。因此，村级权力关系成为一种扁平化的态势，中农作为村治主体也形成一种扁平化的治理结构。

在村庄社会结构日益原子化，村级权力关系日益扁平化的关系状态下，中农作为村庄社会的黏合剂和润滑剂，有一定的社会整合和动员能力。从各个群体之间的利益关系看，中农与村庄中占主体部分的普通村民形成紧密的利益和情感关系，扮演着沟通者和利益协调者的角色。他们长期生活在村庄中，不仅作为村庄治理精英，也作为非治理精英发挥着积极的作用。他们与村庄中的其他非治理精英有着频繁的交往和人情关系，而且也与普通村民和底层群体有着紧密的互动关系。他们有一定的经济基础和占有市场机会的能力，能够与村庄中其他精英群体开展人情互动，建立自己的社会关系网。

正是因为中农与村庄中大多数群体有着较强的经济社会关联，他们往往要顾及村社集体的公共利益。中农群体的生活面向和价值取向仍从村庄中获得，与村民有一定的血地缘关系和人情往来，受到村庄公共规范和舆论压力的影响。这一群体当村干部不单纯是为了获利，他们也有一定的责任心、公益心。他们当中有些是村干部，有些当过兵，有些是学校老师等，有一定的公心，思想教育比较过关。他们被选拔为村干部进行历练，个别优秀的中农被提升为村主职干部，还有一部分作为非体制性精英发挥作用。正是因为中农与精英群体、普通村民之间存在勾连关系，村庄中的一些公共事务和集体行动才能够完成。

(三) 小结:扁平化村级权力结构与中农治村

税费改革以后，国家与农民关系的变化直接引起乡村两级关系与干群关系的变化。由于国家治理目标的变革，乡村两级组织的治理任务和具体职责也发生了变化。同时，国家治理体制的变革也导致乡镇政府“财权和治权”的弱化，出现“消极行政”的局面。国家治理目标及体制的变革对乡镇政府的角色职能及治理方式产生了较大的影响：一方面乡镇政府无力控制村级组织，另一方面乡镇政府也没有较强的控制村级组织的必要性。也就是说，基层政权没有强有力的动力与农村社会发生关系，这一切都导致乡镇干部对村干部的具体角色行为的要求大大降低，不再需要强人、狠人等来实现自身的目标。总体上来说，税费改革以后，乡村两级之间的利益关系疏远，干群矛盾缓和，村干部执行行政事务的压力大大减轻。

与此同时，乡村社会内部的权力关系也发生了较大的变化。纵向等级式的权力关系已经不存在，村庄中生产强势精英和灰黑势力的经济、社会基础也不存在。在村的精英、边缘群体都与普通农户差不多，农民的权力结构呈现出分散而又弱小的扁平化状态，而扁平化的权力关系成为中农参与村级治理的社会基础。中农虽没有强力、权势或是财富来治理村庄，但是他们在并不强势的村级权力结构之中，治理的难度也比较小。他们凭借自身的优势，在村庄社会中不断积累影响力。他们与各类群体、精英有一定的利益关系和社会往来，他们有一定的利益协调能力。他们也能够反映和代表大多数村民的利益诉求，能够动员村庄社会中的各行为主体，特别是一些积极分子和普通村民来共同开展公共活动和集体事务。在村庄日益泛政治化的局面下，他们作为公共政治人物尤为重要，甚至是被动承担起村庄“公务员”的角色，他们也在村庄的公共生活中形成一定的责任感和影响力。

在上述政治社会背景下，中农就成为乡镇干部重点培养和选拔的对象。由于他们有一定的积极性，在村庄中有一定的公共影响力，并且有一定的能力来维持村庄的稳定和基本秩序，他们就逐渐替代一些老式的干部，成为村治主体。可以说，中农成为村治主体是在国家和社会转型下，乡镇政府和村民共同推选的结果。这一群体兼具治理精英与非治理精英身份。由于他们自身经济利益比较独立，不需要靠村干部的身份也能正常生活，没有必要按照乡镇政府的要求来强行执行某些违背村民利益的任务。并且，这一群体跟大多数村民的利益具有一致性，再加上他们和社会的关联性，也让他们对村庄的公共事务更为关心，对村民的公共利益更为照顾，因此，他们作为村治主体明显地体现出一种"当家人"的角色。

第五章　中农治村的机制与特征

中农群体的经济社会属性决定了其参政的动机具有更多的自我服务和他人服务相结合的特征，个人利益可以和村庄整体利益有效地结合，他们与大多数村民的经济社会关联使他们具备一定的经济、社会优势来开展村级治理。

中农成为村治主体除了具备主观与客观的条件之外，真正让中农获得权威的是中农的角色行为和在村级治理中的作用。因此，本章将重点从村级事务的主要矛盾和症结，以及治理机制、特点等方面来论述中农是如何治村的，以及产生了怎样的治村效果。也即，分析中农所面临的治理问题，他们治村的资源、手段和机制特点等。

一、村级治理的症结与民间积极分子动员

（一）村级治理的症结

从治理的目标任务来看，困扰村级组织的主要有三类事情：一是土地调整，二是利益分配，三是道路等基础公共品的建设。这三类问题都因为少数人的反对或是阻碍，而对村庄公共事务的开展产生了不好的影响。村组干部如果无法解决这少部分人反对或阻碍的问题，就容易造成其他村民的不满或是效仿，并导致反对或是不合作的人越来越多，矛盾也越积越多。中农难以满足农民的利益诉求和解决矛盾纠纷，也就无权威和信服力可言，村庄的其他行政事务也难以开展。实际上，中农群体完全有能力解决上述问题，下面以 D 村为例。

D 村位于乡镇的边缘位置，项目资源分配比较少，既没有山区的扶贫救灾项目，也没有典型村的造点项目，因此村级建设资源比较少，道路等基本公共品供给不足。作为以农业生产为主的村庄，该村没有什么企业，村集体也没什么收入，因此，从村治组织的治理资源来讲，D 村的村干部难以有什么作为，能保证基本的村庄运转就不错了。

首先是土地调整问题。D 村自分田到户政策开始实施，村里的土地就承包到户了，村集体没留下机动地，但是村庄却一直保留着土地调整的传统，一年一调，主要是以组为单位进行调地。小组长根据人口的增减和婚丧嫁娶来进行土地调整，增人增地、减人减地。这在当地已经成为不成

文的共识，每次进人或减人，小组长都会到场处理调地的情况，按照新增人口的先后顺序进行排号。然而，税费改革以来，土地调整的难度越来越大，土地调整很难坚持下来，一些村民越来越蛮横和只顾一己之私，该退地的不退地，或是退出的地太差，该进地的人不愿意接受，双方也就难以达成统一的意见。村干部没有制约手段和调解资源，村民对此意见非常大。村民调地的诉求得不到解决，就会反对甚至故意阻挠村干部的其他工作，基本的抽水费、环境污染费等也不会上交，对村庄的一些公共事务也不参与、不支持。一般来说，一个小组要想正常运转，每年需要从村民手里收取一定的共同生产费用来维修沟渠、抽水、放水、清洁环境等，每个小组依照土地和人口的比例来收取，每个人每年该收 70～80 元，大部分村民为了农业生产的方便，都会主动交上。但是，有些村民会因为一些个人利益和私人间的矛盾纠纷，故意不交。特别是在调地的问题上，部分村民家庭人口增加却没有增加土地，他们就故意不交共同生产费。他们的共同生产费收不上来，其他村民就有意见。问题一环扣一环，小组长如果解决不了，小组内部的秩序和集体行动力就变差。开展公共事务和进行村庄建设，都会遇到反对。

其次是利益分配问题，涉及低保、危房改造等惠农福利型项目，这对村干部来说也是一项难度较大的工作。大量的惠农政策自上而下地输入进来，这些资源往往直接涉及农户的利益分配，不少是稀缺或是需要筛选的，并不是普惠型的资源。由于分配标准难以精确量化和定位，所以很容易引发村民纷争。对这些少量资源的利益分配稍有不公，就会引发村民的不满，从而在其他村庄公共事务中成为反对者。例如，按照低保的分配标准，应该保障的基本上都会保障到，但是在大多数情况下，要么低保名额过多，要么低保名额不够。名额过多，就要评出一些超出标准而获得低保的农户，这就很容易引发其他村民的不满，不少村民会觉得不公，觉得自己也应该获得低保。若名额过少，一些够保障资格的农户得不到指标也会不满。

最后是公共品建设问题，这类问题涉及大多数人的公共利益，也比较难以处理。D村的项目资源比较少，村民的公共品需求难以有效得到满足，只能逐步去解决。特别是在一些公共工程建设上，需要占地、砍树或损坏一些庄稼，甚至要拆除一些地面附属物。这是对村民利益的直接损害，协调不好很容易引发村民的不配合。一些经济实力比较强的乡镇或是村集体可以自己拿钱补偿给村民，但在财政实力较弱的汉镇，村民被占地等的损失一般是由村民自筹或是内部共同分摊来解决的。实际上在村组集体缺乏机动地等物质型资源的情况下，对村民的利益进行补偿或是协调比较难。因此，村庄公共品建设往往就因为几个反对者，特别是较为强硬的钉子户的阻碍而难以进行下去。村民的基本公共品诉求得不到解决，往往就会在其他问题上出难题。

从上述村级治理的难题症结中我们可以看出，村级治理过程中要面临大量的利益调解。每个村民的责任和权利意识并不是均等的，一些村民过于看重私人利益，就会出现不顾公共利益的情况。个别村民的利益诉求得不到解决，就会在其他问题上给村干部出难题。村级治理的问题一环扣一环，有一定的复合性，容易造成矛盾的累积。

在具体治理实践中，村干部并不是故意推卸责任，不去处理问题，更多的时候是由于缺乏治理的物质性和权威性资源，村干部无法进行利益协调，也难以对村民和个别机会主义者形成制衡关系。村民的基本利益诉求和公共品需求得不到满足，就会导致一些村民演变为“钉子户”“上访户”，他们会通过要挟村干部来满足自身的利益诉求和公共品需求。此外，外部资源的输入和村庄公共品的缺失，也促使一些村民主动成为“钉子户”“上访户”等。他们往往只顾自己的私利，不顾村庄的公共利益，对村庄公共事务更不配合，不少是一些较为强硬的“钉子户”，他们成为村级治理的难题。这两者混杂在一些，给村级治理造成了一定的难度。村民往往因为这些少数村民的不合作或是妨碍，而难以开展集体行动，村庄的公共事务也难以开展下去。

D村的村治主体，特别是村书记和村主任做事积极，不怕得罪村民，敢于为一些集体利益或公共利益替村民伸张正义，有一定的威信和群众影响力。他们在村庄公共事务的解决上，一是寻找有效的治理权威，二是动员村民参与。D村村干部广泛动员村庄中的积极力量，包括一些民间积极分子和普通村民，壮大了村级治理的力量。正是在这些治理主体的维持和参与下，村级治理出现了转机。

（二）民间积极分子动员

D村是汉镇最大的行政村，又是合并村，管理的范围比较广，人员也比较多，村干部对村里的很多事情无法做到面面俱到，更多的是借助小组长和村社内部的积极分子来开展治理。因此，他们善于挖掘村社内部有一定公信力和积极性的群体。跟D村的村书记一样，村委班子的成员也基本上属于留守的中农精英。他们常年在村庄中生活，不仅形成了自己的产业，也结识了广泛的社会关系，他们大都从年轻时就开始在村里工作，也积累了不少自己的人情面子，有一定的动员能力。在村委干部的带动下，村庄之中的一些积极力量也被发动了起来，他们是散落在各个小组中的民间权威。在村委干部的动员下，他们逐渐成为小组长或是村民代表，成为积极的治理力量。

1. 中农型小组长

D村村书记除了整合村委班子，还注重建设和培育小组长队伍。D村的小组长队伍整体素质比较高，一些小组长在全镇都有名，其他村的村干部也比较羡慕D村的小组长队伍。D村的小组长，是村书记和村主任结合民意选举和自己的考察，挑选出的能力、声誉和公心比较强的小组精英。小组长的人选一般是结合小组内部推选和村干部选拔两种方式，村干部先要考察一下民意，了解一下小组中谁的威信比较高，然后根据实际情况再决定是否推选其为小组长，通过提名或是村民选举的方式来选拔小组干部。对一些选不出组长的小组，除了考察民意之外，村干部自己也会进行提拔和培养。对一些不愿意当小组长的精英,村干部会积极做他们的思想工作。被选上的小组长有些是年富力强的青壮年,有些是年龄比较大的老人,也有一些老干部、老党员等,基本上都比较负责。

小组干部之中一些年富力强的中农,由于种种原因没有当选村干部,他们属于民间能人。他们在村落社会的地位并不低,有一定的民间威望,个别人的威信和声誉甚至要好于村干部。他们既可以与村干部分庭抗争,也可以成为村干部的得力助手。大多数时候,村干部都愿意吸纳他们成为村级治理的力量。他们没有村干部的身份,与村民的关系更为密切,村民也更加信任他们。因此,不少时候村干部需要依赖他们来开展工作,与村民进行协商沟通,传达和转化自上而下的任务。小组长既要考虑村干部的人情和面子,也要代表小组的公共利益与村干部进行沟通和协调。他们在村庄中有不错的生活来源,再加上视野胆识、技能才干,在村庄的社会交往和公共生活中产生了一定的影响力,被村民举荐成为小组长。

例如 18 队的小组长——高组长,50 多岁,家有 6 口人,儿子、儿媳 30 岁,还有 2 个孙女。2000 年之前,高组长一直在村庄附近打工,一边打工一边种地,他家里有 3 亩多地,主要种稻谷和豆子。2000 年之后,高组长开始跟朋友养牛、贩牛,生意越做越好,并逐渐带动亲朋好友一起养牛。他还向村民提供养牛的技术服务,在汉镇范围内收牛、贩牛,整个汉镇的养牛风气也是他带动起来的,D 村的村主任也在他的带动下开始养牛。因此,高组长也结识了不少市场关系和社会人脉,养牛生意越做越大。整个汉镇就 2～3 个做贩牛生意的,而另一个牛贩子也是在他的介绍下成长起来的。高组长通过自己的养牛生意打开了在本村乃至本镇的影响力。前些年他家一年的收入能达到 20 万元,整个家庭的经济社会地位在村社中也提升了起来。

邻村很多村民都来找高组长帮忙,学习养牛技术,让其帮忙销售等,整个汉镇养牛户有 20 户左右,有 6 户是高组长亲自带动的。技术方面有不懂的,他们会来找高组长帮忙。对于村民来说,高组长懂技术、有销路、有头脑，村民有什么需要他都尽量帮忙，尤其是在养牛、贩牛上，高组长对自己队里和村里的人都比较照顾，不会让村民吃亏，村民对他也比较信任。而村干部更看重高组长在村民中的影响力和他广泛的社会关系，高组长比较大方、有头脑、有魄力，也乐于助人。他自己的侄儿和亲戚等一些无所事事的蛮横之人，都在他的带领下走上了致富之路，村里的无赖、小混混式的人物也都对他敬让三分。

2002年，正是高组长养牛、贩牛生意风生水起的时候，村书记、村主任找到他，想让他当小组长。由于要忙于自己的养牛、贩牛生意，高组长当时对当小组长的兴趣并不大，但是在村书记、村主任的再三做工作下，他就同意了当小组长，一当就是十几年。现在的村书记和村主任对高组长也是敬重有加。高组长说，主要是看在村书记和村主任的面子上自己没有退下来，反正自己也经常在家，顺带做一下小组长，村里的事情不多，自己不在的时候还可以让家人代劳一下。受命于危乱之际，高组长也做了不少"功绩"，他自己也感到比较有面子、有意义。

2002年，高组长所在的小组因为河滩地被卖以后，村民不满意补偿款，一直闹事。村民认为村干部窝藏了补偿款，要挟村干部要提高补偿，不提高补偿款，就不交农业税费。到高组长接手的时候，有近一半的人不交农业税费。高组长上来之后，与村民积极交流、沟通，了解到村民带头闹事的原因，与其说补偿款低了，不如说稻谷被淹了，村民想要点补偿。这片河滩地原先被政府卖给一些外面的人，这些人挖完沙之后，并没有很好地进行复原，再加上地势低，经常闹洪涝，庄稼受损失，但是村干部又不去解决村民遭遇洪涝的问题，为此村民十分有意见。高组长了解事情原因之后，积极向他们解释乡镇根本无法承担修排水沟所需要的资金，只能以后想办法来进行投资。高组长又与原先挖沙的老板沟通，向他们要了点补偿款，以补偿村民的青苗损失。并亲自上门去找带头闹事的村民协调，这些村民平时跟高组长的关系不错，他的话村民也比较信服，暂时答应不出来闹事。高组长并不怕得罪这些闹事的人，因为他平时就积累了与这些闹事人员甚至是村庄混混的人情关系。高组长甚至还教他们怎么做生意，还跟个别混混结成了较好的关系。在日后的工作中，这些混混不仅没有捣乱，反而起了一定的助力作用，增加了高组长的威望。这些人不带头闹事，其他村民也就各自散了。经过高组长耐心地做工作，小组内部的问题逐渐得到解决，农业税费也收齐了。

然后，高组长又带领村民修路、修渠，发动村民出钱出力，队里的生产、生活设施也建起来了。村里的第一条水泥路就是在高组长的带领下修起来的，他自己还贴补了一些钱，别的小组都非常羡慕。这样经过了三年时间，高组长才把队里的工作理顺，日后的工作渐渐好做了。队里的秩序在他的带领下比较好，高组长也十分享受自己在村庄中所获得的地位和荣誉。

像高组长这样年富力强的小组长，还有 1 组、2 组、3 组、4 组、5 组、6 组、8 组、12 组的小组长。他们在村庄中属于中上层，比较有闯劲，他们一边务农，一边做经纪人、卖液化气、开运输车、安装自来水，或者在附近打工、包点小工程，一年的收入跟外出务工人员的差不多，甚至高于外出务工人员的。他们经常在村庄范围内活动，村民对他们也比较熟悉，信得过。他们收入还不错，有一定的能力和人脉，因此被推选出来当小组长。他们的工作能力和积极性不一，也有个别比较消极、怕麻烦，不愿意担任村干部的。但总体上而言，这部分人在村庄中比较有能力，自觉或是不自觉地就被村民推选出来了。他们在村庄中有一定的经济地位，并且因为自身在村庄社会事务中的影响力，成为小组中甚至村里较为有地位的人，村干部也要对他们礼让三分。因此，在一些公共事务之中，他们就有了做事的底气，愿意承担责任，也不怕得罪人。

2. 积极的老人群体

除了这些年富力强的中农型小组长，村里还有一些比较积极的老人群体。这部分老人的收入可能比不上中农干部，但是这部分老人的积极性和工作能力并不输中农干部，他们有足够的闲暇时间，有一定的经验，长时间在村庄中生活也积累了一定的威信。他们在村级治理中的作用十分重要，D村村书记也很重视这部分人的力量和作用，他们的力量也容易被调动和激发。D村的小组长中，这种类型的小组长最积极、最能干的要数汤组长。

汤组长，62岁，原先是4组的小组长，后兼任10组（2008年）、11组（2015年）的小组长。汤组长40岁之前一直在村里，一边在附近打工一边种地，1998年开始当了几年4队的小组长，后因为出去打工就不再担任组长了。汤组长的儿子30多岁，在外承包一些道路项目工程，儿媳也跟着一起做，汤组长也是为了帮儿子而外出务工。后来，儿子的项目越来越少，汤组长自己年龄也大了，故而返乡。汤组长之前做过小组长，对小组和村里的公益事业比较热心，经常出谋划策，村民和村干部也都比较认可他，2007年回来之后，他就被推选为4组、10组的小组长。

汤组长最大的优点就是热心和负责，对村民的事情比较上心、积极，总是会想办法解决村民的困难，小到家庭邻里的矛盾纠纷，大到村里的公共工程建设，为了村民的事情可以反复找村镇干部。乡镇干部常用“有毅力”来形容他，因为他总是锲而不舍地找乡镇干部解决问题。有时乡镇干部也怕见他，躲着他，因为不可能满足他所有的要求。汤组长所在的4组，1998年他当小组长的时候就已经把大部分基础设施建好了，组里的事情比较顺，基本上没有什么大的矛盾。2007年，他回村的时候，恰好10组出了点问题，村书记就让他来担任小组长。那时10组正在闹矛盾，因为天气干旱，村民因争水源矛盾不断。为了解决干旱的问题，大家凑钱挖水井，结果原先的小组长从挖水井的钱里面扣除了一部分当自己的工资，村民不服气，故而闹着上访，要求解决该问题。原先的小组长就被撤职了，组里一时选不出合适的小组长，村书记就找到汤组长，让他兼任一段时间的10组小组长。汤组长去了之后，集资修了村里的老井，还向上级争取了一些资金、材料新建了一口井。

11组原先的小组长自己的儿子在上大学，家庭开支大，他就只顾自己种地和做生意，对于组里的事务一直不积极。该组有 70 多亩地，但没有一口水井，组员对他意见很大。平时浇水都是 11 组的村民交点水费从 10 组或是邻村的水井抽水，但是，遇到干旱的天气，别的组自顾不暇，根本不愿意再让 11 组抽水。小组成员一直想集资修水井，但苦于几个村民不愿意出钱，一直办不下来。原先的小组长也没有积极去做工作，或是去争取项目资金，干旱的问题就一直没有解决，村民只好在旱季无水时到村里闹。

10 组、11 组离村公所比较远，相对来说比较落后，汤组长兼任 10 组组长的时候，把路修起来了，又打了 2 口深井。兼任 11 组组长的时候，他上任第二天就带着村民把一条泥泞的道路修好，一起动员大家集资修路，组里 100％的成员都交了钱。

为了给比较干旱的 11 组修一两口井，他经常缠着乡村两级的干部，还立下军令状，修不起井，小组长的职务就辞职不干了。但是，由于 D 村属于边缘村庄，11 组又属于边缘村庄的边缘位置，项目一直不容易争取到。汤组长说当小组长都有一种自尊心和荣誉感，组里的工作搞得好，自己脸上也有荣光，为群众办成一件事，自己心里面也能高兴好几天，故他会一直找乡镇干部帮忙解决问题。

汤组长的生活条件还可以，现在种了 2 亩多地的果树，种地一年的收入能够达到 1 万～2 万元。他还偶尔承包一些村中修路、修渠的小工程，他做工的质量不错，村书记也比较放心交给他。兼任 3 个组的组长后，按照现在一个月近 400 元的补贴，一个月的收入也能达到 1200 元。同时，乡镇领导还给他安排了一个看道路栏栅的活路，一年的收入杂七杂八的加起来有 4 万～5 万元。汤组长除了忙于自己的农业生产，大部分时间在为小组的事情忙碌，他说自己能从群众工作中找到乐趣。他对小组公共事务的积极性也获得了村民的认可和信服，乡村干部领导对他也比较照顾。

像汤组长这样比较积极负责的留守老人群体，还有 7 组、9 组、13 组、

14组、16组、17组、19组的小组长，他们年龄大都在60岁左右，子女已成家立业，自己负担不重，不用去劳累奔波，只需在家种点地、照看孙子。能干的老人还会多种点别人不种的地，在附近打点小工。如16组的小组长，就是停不下来的人，他的女儿已经出嫁，但他还是坚持种地，现在种了10多亩地，队里不种地的人都把地给他种了，他主要是种粮食，一是为了自身养老积累，二是为子女减轻负担。与年富力强的小组长相比，这些老年小组长的收入可能并不高，但是他们的空闲时间相对来说比较多，因此比较积极负责。特别是个别小组长的儿女们比较优秀，要么工作比较好，要么收入比较高，他们自己在村庄也有地位和面子，因而参与村庄的公共事务和公共生活的热情就比较高。子女不在身边，这些人也有乐趣和动力为村民办事。

表5-1为D村的小组长基本情况。

表5-1　D村的小组长基本情况

组别	年龄	收入来源	家庭成员	阶层位置
1	50多岁	种了3亩地，还有水果生意，总年收入十来万元	2个女儿，一个女儿在邮政局上班，一个女儿出嫁了	中上阶层
2	51岁	种了2亩地，加上开拖拉机，总年收入达十来万元	儿子是博士，已经上班，年薪比较高	中上阶层
3	47岁	开理发店，种了1亩左右的地，总年收入达3万～4万元	一个女儿已成家	中下阶层
4、10、11	62岁，54岁回村当小组长	种了2亩4分地，加上做项目做了11年，收入较高	5个人，儿媳在北京，收入4万～5万元	中下阶层

续表

组别	年龄	收入来源	家庭成员	阶层位置
5	62 岁	做天然气管子生意，年收入 5 万～6 万元，还种了 2 亩多地	女儿在医药公司上班，已出嫁	中下阶层
6	40 多岁	种了 2 亩多地，另外安装饮水机，年收入达 5 万～6 万元	父母在敬老院上班	中下阶层
7	60 多岁	种了 2 亩多地，还在学校给学生做饭，收入一般	儿子做水果生意，有 5 万～6 万元收入	中下阶层
8	40 多岁	种了 2 亩多地，还在外面打工，包点小工程，年收入达 5 万～6 万元	儿女打工	中下阶层
9	50 多岁	种了 2 亩地，还卖凉粉，年收入达 4 万～5 万元	儿女打工	中下阶层
12	50 多岁	种了 3 亩多地，还做惠农提灌的抽水工作，一年有 3000 元的收入	自己和儿子合作开一台拖拉机、一台农药机，一年的收入达 15 万～16 万元	中上阶层
13	55 岁	种了 2 亩多地，在附近打工，一年的收入达 4 万～5 万元	女儿为财务经理，年收入达 4 万元	中下阶层
14	60 多岁	种了 4～5 亩地，年收入有 2 万～3 万元，他是老小组长，干了很多年	女儿已出嫁	中下阶层

续表

组别	年龄	收入来源	家庭成员	阶层位置
15	40 多岁	种了 2 亩多地，还在城里开了一个卖液化气的铺子，一年收入达 15 万～16 万元	儿子上大学	中上阶层
16	60 多岁	有 10 多亩地，队里不种的地都给他了，主要种粮食，还种了一点蔬菜，收入尚可	有一个儿子在外打工	中下阶层
17	60 多岁	有 3 亩地种菜，还在街上卖菜，年收入达 3 万多元	女儿已出嫁	中下阶层
18	50 岁，当小组长十几年了	养牛、贩牛，年收入 20 万元左右，种地 2 亩，由他妻子在种	一个儿子在外包工程	中上阶层
19	60 多岁，老组长	种了 2 亩地，收入一般	儿子在做水果生意，一年收入达 5 万～6 万元	中下阶层

注：资料根据对各小组长和村干部的访谈整理而来。

小组长的工作属于义务性质的，补贴为一个月 400 元，非常少，还经常得罪人，费力不讨好，因此，很多民间精英并不愿意当小组长。一般来说，小组长是本组成员内部推荐的，是比较有声望、值得信赖、有一定公益心和能力的人。但是，这种局面也在逐渐发生改变。比起村干部，小组长与村民直接面对面的互动比较多，牵涉的矛盾利益最多，也最直接。但比起村干部，小组长的权威性更差，很多人并不觉得小组长是干部，也不会信服小组长，因此，小组长在组织村民行动、解决村民矛盾纠纷和执行任务的时候，可能面临更大的权力困境，这种情况也因为农业税费的取消而加剧。村民有求于小组长的情况越来越少，小组长控制的资源也越来越少，解决问题的能力也越来越不足，难以积累自己的权威。最重要的是，村民越来越讲究个人利益和权利，对小组长的工作难以认可和支持，小组长的工作越来越难以进行下去，因为得不到村民的认可，故而更没有积极性当小组长。小组长是具有公益性、服务性质的“村民代表”，他们更多的是站在村民这边，与乡村干部进行沟通。现在，他们因为自身在村民中难以获得认可，积极性就很容易丧失。但是D村的村委把小组长的积极性调动起来了，村书记和村主任通过自己的社会往来和私底下的人情关系建构，与这些小组长保持了一定的人情面子关系，并积极解决小组长的诉求和难题。

村书记平时就注意跟这些小组长保持比较友好的关系，十分尊重他们，经常征求他们的意见，回应他们反映上来的问题，能帮助的尽量帮助，对一些无法解决的问题就尽量沟通，让小组长明白村集体和村干部现在的困境、难处和限制，让其尽量跟村民去沟通和协调，而不是应付小组长。对一些难以处理的矛盾纠纷，也会积极地介入。小组长队伍也不全是水平高、有威望、公心强的小组精英，有些小组选不出太合适的小组长。对一些水平差的小组长，村干部会积极地进行教育和引导，帮着他们学习怎么做好群众工作。小组长在村干部的积极帮扶下渐渐变得比较“得力”。

因此，D村小组长比较积极负责，除了小组长自身的原因外，也与村干部与小组长的积极互动和沟通有关，积极沟通使得村干部和小组长之间形成了一个较为良性的互动局面。面对上级的任务，通过对小组长的宣传动员让他们去承担任务，而面对小组长的诉求和难题，村委班子也能积极地回应，想办法解决。分派下去的任务和村民难题先让小组长去解决，小组长解决不了的村委班子再一起想办法解决，而不是推衍塞责。正是因为D村的村组干部分工明确，即使没有较多的项目资源，也能利用有限的条件维持村庄的基本秩序。村书记和村主任也投入了较多的时间及精力在村里，他们能够充分运用一事一议等项目，也能得到村民的支持，村民上访、闹事的情况比较少。

3. 其他民间精英

除了小组长之外，还有些人是以党员、村民代表的身份出现的民间精英，他们很多原先就是老干部、公职人员，或是儿女们作为公职人员在外混得不错，他们大都是村里面年龄比较大、比较有威望的人，有一定的见识和公益心，退休后在村里兼任一些闲职，例如村民监督委员会成员，主要工作为秸秆禁烧、环境卫生检查等，在平时的作用可能不大，主要是对村里的一些公共事务发表自己的建议，监督小组长的行为，村里一旦有什么任务或是村民有什么利益纠纷，需要时也会出来做点贡献。他们一般跟小组长的关系还不错，会帮着小组长开展公作。每个小组基本都有那么两三个人，小组长可以找他们来开展工作和商议事情，他们也是影响村庄治理很重要的民间力量。

D村7组有个66岁的老书记，之前当了一届的村书记，后因为身体原因就退下来了。他是一个对公务较为积极的老人，经常找小组长、村主任和村书记讨论村内道路维修和水利建设的事情。他本人种了2～3亩土地，儿女已成家并外出打工了，他自己在家无事，做这些事情纯粹是因为闲暇时间比较多，个人也比较热心，爱凑热闹。他本人跟小组长的关系不错，也经常在一起商议如何处理小组内部的事情。村里也经常出面让他担任一些公益职务，他现在也是检委会的成员。

人老了，就想为子孙后代做点事情，以后的事情谁也说不准，保不定自己的儿孙们还要回到村里，现在把路修好了，以后开个车也方便，总不至于自己的孙媳们回到村里，看到村里破破烂烂，都不愿意嫁了。（D村老干部，WKL，2015.10.02）

每个小组的小组长再加上两三个民间精英的辅助，实际上就能很好地构成一个小组的权力机构。这几个人可能联结的是更多的家族网络，更容易对村民形成动员之势。而村民的实际参与形成了一种民主治理机制，能够破解村级治理的很多难题。

（三）群众动员与自主治理

村干部把村庄的一些积极力量调动起来，形成一定的治理权威之后，村组内部的事情就好解决了。只要有人带头积极解决问题，在一些事关群众公共利益的事情上，大家就容易行动起来。群众一旦被动员起来，村级治理中的一些症结和问题就比较容易得到解决。

至于调地的问题，各组的情况都是不一样的。有些小组减人快，可能就有多余的土地用作公共用地，建设公共工程的时候就可以调补余缺，不用占私人的土地。村民因为土地调节产生的纠纷，可以用公共机动地调补，调地的矛盾也就容易得到解决。有些小组进人快、土地退出慢，没有机动地，可能就有排号等退地的情况。在有些人不愿意退地或是不愿意要已经退出的地（嫌弃退出的土地质量差）的情况下，一般是先由小组长到场去协商。协商不了的就会召集小组成员进行讨论协商，由小组长或是大家提出一个较为合理的解决方案，大家协商讨论是否同意方案。如果最终个别人还是不服从协商的方案，一般村干部就要到场，软硬兼施，去执行最终的方案。

有些人不愿意退出土地，小组长站出来强行让他退出，你得去给小组长撑腰，去跟村民讲道理，大家都按照这个规则来退地，就他一个不按规则来就不行。其实，他自己也有压力，大家公认的事情，要点脸面的人，会意识到自己理不足。就算强行让他退出，一般也不会出啥事，他本身就做得不对。之前 6 组刁蛮的人很多，谁都不愿意当小组长，很长时间以来都没有小组长。小组内的土地都无法调整，9 个该退土地的人没有退，6 个该进土地的没有办法进，村民意见很大。主要是因为一些蛮横的人想占便宜，霸占着土地不退，之前的老组长也管不了。一个人不解决，整体调地的事情就解决不了。我和书记重新考核，说服一个年轻有为的人来当小组长。我们召集小组成员开会，商议调地方案，大家重新划分土地，该退的退，该进的进，不退的强行划地出来。我们村干部都到现场去划地，还跟村民说，这些人如果再闹事就找我们。我们也不怕得罪这些人，村干部不得罪人谁来得罪人。(D村村主任，GTK，2015/09/15)

针对这些积累在小组内部的问题，小组长如果解决不了，村干部就要到场去把矛盾解决。村干部一般是作为超出小组利益的调解者，在一些小组内部解决不了的事情上就需要他们来公正裁决。村干部作为一种外部力量的援引，往往是以体制性的身份作为一种更高层次的仲裁者。但是村干部的公正裁决也是以村民的公共决议和村庄共识为基准的，是建立在自身对问题熟悉、了解的基础上的，公平公正地去解决问题，也更易得到村民信服。如果是小组长的问题，则需要村干部去改变小组长的决定甚至是撤销小组长的职务。如果是村民个人的问题，甚至是少数钉子户的故意阻挠，则需要村干部站出来说话，敢于担责任。村民基于对自身利益的认识和是非标准的判断，也会站在大多数人的角度思考。否则，村干部不担责，也不出面，小组内部的事务越堆越多，更加难以处理。村民一旦认识到有人出面解决问题和担责，他们也就敢跟随着，有了维护村庄共识和公共利益的底气。

同样的，面对一些低保指标等惠农资源的分配，村民参与协商的效果总是好于村组干部的个人判定。这类事情村干部很少参与，一般交由小组长和小组成员去协商。小组长通过群众开会、集体商议的方式，把问题摆出来由村民自己达成共识和解决方案，议而不决的时候，村干部再做最后定夺。只有村民不满意决定，闹到村干部这里来的时候，村干部才会去协商。在协商过程中，村干部也是先去摸底、了解情况，看是小组长的问题，还是村民的问题。如果是小组长的问题，问题比较大的，一般就会辞退该小组长。如果是村民的问题，村干部会多方面了解是真的不公平，还是因为个别村民的一己之私。一般来说，真有该获得低保而没获得的，村干部会去尽量协调、争取。如果只是个别村民不该享有低保名额，却想贪占低保名额，村干部也会尊重小组内部的公共决议，不会为了个别人而干涉村民的公共决策。

低保的问题，在我们村没有啥太大的问题，让村民自己去解决。这事村干部最好不插手，省得让村民说我们闲话。（D村村主任，GTK，2015/09/15）

最后，涉及一些道路等基础公共品建设的问题。在解决公共品建设不足和落地工程中所产生的利益协调问题上，D村村干部们既机动灵活，又讲原则，保障公共品建设中的基本公平、正义。D村一年的村级运转经费需要十几万元，仅环境卫生打扫和垃圾清理等行政任务就需要7万～8万元，再加上民兵执勤、办公经费、开会补助和一些必须发放的慰问金，村干部的福利性补贴，还有必要的伙食费和修沟修渠等基本的村庄建设费用，一年的运转经费十来万元是最基本的。但上面的转移支付金额只有7万～8万元，包括村干部的工资和一些基本的财政运转费用。其他的开支D村村书记只能自己想办法，主要是向上级跑要项目、争取帮扶，村级运转资金很多是从项目和各种帮扶款中挤出来的。D村村书记从定点帮扶单位要一些价值3万～5万元的小项目，再加上一事一议等项目工程，一年下来项目资源的资金总量也能达到十多万元。

这些小项目一般由村里发包，村里自己发包就可以找一些低价、质量又有保证的工程队来做，甚至是由村民自己来做，村里发工钱，这样就可以省点钱。这些工程也属于帮扶项目，检查比较松一些。假如一个项目工程只花了12万元，账目上就会做成16万元，4万块钱就可以用来做其他的，比如给其他组修路、修渠，补偿村民的青苗费等，还可以拿出一部分钱来保证村级正常开支。

村干部为了维持村庄的运行要做违规的事情，压缩的钱由村里统一支配，不会进个人腰包。现在开党员会、村民代表大会，不发点东西，村民谁愿意来，一些小组长和党员节假日也要发放点福利慰问下。上级也经常安排一些五花八门的事情，又不给配套资金，就算是应付也需要钱，这些钱只能从其他地方找。现在的村干部又要求坐班，除了多做点思想工作，让他们每周坚持半天外，还得给他们点福利奖金来安慰一下。现在的人，没有好处就没有积极性，通过发放福利来补偿村干部，他们的积极性就会好些。上级又要我们重点搞好环境卫生工作、秸秆禁烧工作，上面发的补助不够，很多时候村里都要自己补贴。书记不想点门路，根本维持不下去，只要自己不去占便宜就行了。（D村村书记，HP，2015/09/16）

D村村书记没有利用项目资源来换取人情或是为自己谋利，而是把它们转化为调动村民积极性的公共资源。汉镇有些村庄的小项目工程往往由村干部来做，或是由跟村干部有某种利益关系往来的人来做。最终项目工程成为壮大个人腰包或是扩大私人利益关系网络的资源。这也容易导致部分村民的怨言，影响村干部的权威。但是D村村书记并没有这么做，而是转给村民自己来做。一般以小组为单位，由小组长来具体负责安排项目。小组内部有懂工程的人，则由他们具体负责召集本小组的成员来做工程。如果小组之中没有懂工程的人，也可以由村干部和小组长商议，从村庄中寻找合适的人来具体负责。这些工程项目就可以调动一些有能力的村民参与村庄公共工程的建设。关系到自己的切身利益，他们也会对材料和工程进行把关，保障质量，而不是用项目来满足私人的利益。

村里的一些无赖、强硬一点的人也想要做项目，但被村书记拒绝了。为此，村书记也得罪了这些人，遭到了打击报复，这些人破坏已经做好的工程项目，故意找村书记的麻烦，村里的事情也不配合。但是，村书记不怕得罪他们，他做事比较公正，这些蛮横的人也就无茬可找。村民对他们的破坏行为也满腹怨言，这些人多少有所忌惮。D村的项目资金本身就比较少，都是一些小项目，背景大的地方势力也不愿意进来，这些小混混村书记也能应付得来。村书记在镇上的民兵巡防队待过一段时间，这些年又在村镇里积累了一些社会关系，虽然并没有强力的灰黑背景支持，但是也并不怕这些蛮横之人，这些小混混也不敢对村书记怎么样，再加上乡镇干部和村民的支持，小混混兴风作浪的能力就比较有限，村里的很多公务仍能照常进行。村书记本身也做好了得罪人的打算，故而并不理会他们的要求。

村干部不能做工程项目，否则无法服众，你既是监督者又是施工者，村民肯定有意见，自己身不正，就无法开展工作，更不能让一些搞歪门邪道的人信服。把这些项目交给本组、本村的人来做，每个小组自己具体负责，牵涉他们自己的利益，他们肯定积极认真。现在，我一般是把项目交给小组长，由小组长来商议如何建设。小组长咨询我谁来做合适的，我也会推荐，我就经常推荐4组的汤组长来做，他懂活路，做工比较细致，我也放心。

村里的小工程我尽量安排给村里的人做，村庄的公共工程总是要有人做的。给村里的人放心些，不像外来的施工队，纯粹只为了赚钱，质量并不能得到保证。本组、本村的人做，碍于人情、面子，总是要保证一定的质量，有些工程甚至都不赚钱。不过这也牵涉各方力量平衡的问题，有些不讲理的人找上门来要工程，我肯定不能给，他们又不是专业做这个的，偷工减料搞得工程质量不行，搞不好还要惹一堆麻烦，但我这不免要得罪一些人，当干部的不得罪人也当不成干部。（D村村书记，HP，2015/09/16）

村干部还借助项目工程、一事一议等来调动村民参与村庄建设的积极性。一般来说，村干部先征求小组长和村民的意见，对于自上而下的项目是否需要，有需要的项目才进行安排。在项目进入村庄以前，一般召集村民开会协商出具体的建设方案和损失补偿方案，由村民在自身利益共识的基础上形成一定的民主决策。村民在项目的进入、方案策划、补偿、解决少数反对者的问题、项目具体实施和监督方面发挥了很大的作用。村干部在这里更多的是公平公正地去安排、动员、协调外部资源和内部资源，帮助村民解决问题等。在具体的治理和执行上，主要是村民在参与。村里的一些公共品供给也是村民自行出力，村民之间内部协调损失。

在面对村级治理的一些难题和症结的时候，D村的村干部通过外部资源来调动村庄精英、积极分子的积极性，并通过他们来带动村民参与村庄公共事务和村级建设的积极性。在一些民间权威人士的带领和动员下，村民基于自身的利益认知，往往能形成一定的民主机制和集体行动能力。这样不仅有效地解决了利益调节、分配的问题，而且也有效地解决了集体行动中少数反对者的问题。在治理权威人士和普通村民的参与下，村庄中形成了一种民主决策机制和奖惩机制：有较强的识别能力、利益协商能力、治理排斥能力。村民能够在差异化的状态中进行分类处理，不仅体现出一定的保护性和道义性，也具有一定的治理能力。

例如，8组一直想修一条社道，之前是土路，一下雨村民出行就很不方便。小组长向村干部反映，村干部将其列为一事一议项目。工程费和一些材料由村里争取，但是占地损失等由村民自筹。小组长同意后，经过社员大会商讨出一条大多数村民同意的修路方案。方案主要是把原先的土路稍微拓宽一下，每户还要出一点劳工，不出力的可以给劳工费。这条社道涉及25户农户，其中要占地的农户有10户，全部25户都要出力，不出力的给100元。对于修路所产生的占地损失和地面附属物损失，由村民自行解决。由于8组原有的社道是土路，出行不便，故而大家都十分愿意修水泥路。对于修路所产生的些许损失，大家也并不在意，因此，绝大多数村民都同意修路的方案和补偿规定。

但也有4户不同意方案。其中农户X不愿意出力，也不愿意出劳工费，理由是他觉得他的房屋就在马路边上，平时出行并不需要走这条社道，修路对他的用处不大。另外3户是不愿被占地：其中A是家庭较为困难，想要从中得到一点补偿费用；B是因为占自己家门前的地太多，还要拆掉自家的一个护栏，故要求补偿；C纯粹是私人恩怨，就是不想让小组修成路，因为之前村组干部强行让他把自己的地退出来，他一直怀恨在心。

由于这几户的阻挠，方案定不下来，路一直没有修成。村干部上门给他们做了很多次工作也调解不好。组里已经没有机动地进行调补了，没办法满足这些村民的要求，他们的症结也难以解开。最后，村组决定再开群众会，由大家来商讨解决的办法。针对 X，大家决定不让其出钱出力，同时也不允许其走修好的社道。针对 A 的情况，小组长和村民在商议后决定在下次低保评选上照顾他。针对农户 B 的情况，小组长提出愿意拿出自己的一部分土地来补偿被占地最多的 B，一个老干部也愿意拿出自己的地来换给 B。针对 C 的情况，小组成员对他也没有什么办法，因为长期以来他一直就是大家心目中“不讲道理”，只顾“自己一己之私”的人。会后，村组再次发动他的家人和熟人做思想工作，但仍没有把工作做下来。

会后，小组长和小组中的老干部商议重新设置路线，绕过这一户农户。然后再次开会征求大家的意见，大部分村民无可奈何地同意重新修改路线。然后大家又前前后后开了七八次会议，就占地损失和补偿问题反复进行协调，最终把方案确定下来。新方案绕过 C 门口，造成损失最大的两位是小组长和一位普通村民，这位普通村民的要求就是不出工钱，大家也都同意了。虽然新方案的形成使得原先受益的一些农户产生了损失，但这些村民也无可奈何，只能埋怨 C 的行为。

经过几次反复的开会和民主协商，大家形成了基本的利益共识和决策方案。也针对个人的收益、损失和补偿问题、权利和义务问题进行了讨论。对一些不承担义务的人，村民们也积蓄了极大的心理能量。同时，村民们也进一步看清了谁付出更多，谁承担更少，既形成了对村组干部的认可，也对个别提出不合理诉求的村民产生不满。在村民眼里，A 确实困难，要求也较为合理，可以适当进行弥补，但是对 X 和 C 的行为却十分不满。X 家庭条件并非不好，在村里二层小洋楼都盖起来了，却对区区的 100 块钱斤斤计较，并且由于 X 不种地，抽水费等一直也没交。他也并非不走这条社道，平时的社交往来都要经过社道。而 X 在任何事情上都只顾自己的一己之利，早被村民所不齿，也是村干部眼中的“钉子户”。

路修成以后，村民针对 X 和 C 的行为也采取了一些措施。不让他们通过，因为他们并没有出力，也没有占到他们任何地。特别是一户的农妇还把水泼在地上，不让其通过，因为道路原本可以修到他们家门口的，因为C的不同意，路线修改，绕过了他们家门口，村民们也很少在日常生活中与其往来。在今后小组的一些公共事务活动中，村民基本形成了对C孤立和排斥的态度，没有他们的参与和支持，村组的很多事情也都能进行下去。

实际上，D村不少小组都形成了这种风气。凡是一些难度较大的公共事务和利益分配事宜，都由村民来参与，共同协商如何解决问题，如何分摊责任、义务及利益。在此过程中，村民参与协商实际上形成了一种民主治理机制。针对少数反对者，村民自己可以辨别其要求是否合理。针对合理的诉求，村民一般都会保持一定的同情心和同理心，村社整体上呈现出一定的"道义性"和对弱势群体的保护。针对不合理的诉求，特别是一些钉子户，村民经过民主协商后，也能形成其他的解决方案，不再经由钉子户的同意。村民们可以自行解决公共品建设问题，也可以事后对钉子户进行孤立和排斥，以形成对其只顾个人私利行为的惩戒。村组干部，特别是8组小组长在这次公共事件中体现出的公德心和责任心也赢得了社员的认可。

总之，D村的公共品建设中既有民主决策机制，也有奖惩机制，形成了一种较强的利益协调能力。既允许特殊情况的存在，有一定的退出权，也保障了大多数人的利益。其治理特征体现出一定的民主性、保护性、公平性和自治性。一是对大多数利益和决议的尊重，也对少数弱势群体的利益进行照顾和保护；二是就大多数村民的收益和损失所形成的大致均衡方案，体现出一定的公平性；三是允许钉子户等少数人退出，他们可以不用承担责任和义务，但其相应的权利也丧失了，村民还可以通过排斥机制形成对他们的制约。村民在较为熟悉的村庄社会环境下，容易获得对反对者的识别能力，其诉求是否合理，问题症结在哪，村民们都比较熟悉，也容易对症下药。并且村民之间可以就彼此的利益进行协调，形成新方案，允许少数人退出。在具体的损失承担上，一些具有公心的村组干部、老干部也愿意承担较多的责任。针对少数钉子户，村民也主动站出来进行排斥，对少数反对者形成制约。排斥机制和退出机制的形成在于惩戒少数不合作者，特别是钉子户，村民可以在其不配合的情况下，实现集体行动和公共品建设。保护机制在于村社集体体现出一定的道义性和互惠性，也体现出方案的公平性，并不会为了大多数人的利益而不顾私人的合理诉求。

组里没有什么土地，也没有收入，没办法帮他们解决问题，现在不可能从村民那里收太多的钱，修路、修渠要耗费自己很多人情，要钱、要材料，也要花费很多精力去做工作。这些都还好，关键是要来了项目和材料，有些村民还不配合。为了一两棵树、丁点损失跟你死磕。现在的村民，什么事情都得顺从他，什么事情不依他，他就闹。以前的村民闹到村里还有办法治他，现在办法没了。谁还有积极性为他们办事？好在，他们只是少数个人，村民大多数是比较通情达理的，你为他们办好事，他们也愿意听你的。村干部也看得起我，经常劝我，给我打气，帮助我解决问题。(D村2组组长，CXK，2015.09.24)

二、社会吸纳资源与自治民主化

从D村村干部利用有限的村级治理资源来满足村民的利益诉求，解决村民矛盾、利益纠纷的方式上看，中西部的广大农村地区仍有解决村级治理问题的潜在条件和资源。在中农和积极分子的带领下，惠农资源逐渐变为村级治理的资源。中农干部借助惠农资源，通过发动群众，激活村民自治的能力，以村民自决的方式来解决公共品供给和村级治理中的难题，从而重塑了村庄政治和村庄政权的合法性。

（一）公共资源公共运作

从D村治理的症结中可以看出，并不是村干部故意推卸责任不去处理问题，更多的时候是由于缺乏治理的物质性和权威性资源，村干部无法进行利益协调，也难以对村民和个别机会主义者形成制衡关系。村民的基本利益诉求和公共品需求得不到满足，就会导致一些村民演变为“钉子户”“上访户”，他们通过要挟村干部来满足自己基本的利益诉求和公共品需求。此外，外部资源的输入和村庄公共性的缺失，也促使一些村民主动成为“钉子户”“上访户”等。他们往往只顾自己的私利，不顾村庄的公共利益，对村庄公共事务更不配合。其中一些较为强硬的“钉子户”就成为村级治理的难题。这两者混杂在一些，给村级治理制造了一些困难。因为少数村民的不合作或是妨碍，村庄难以达成集体行动，村庄的公共事务也难以开展下去。

但这些治理难题也是村级治理的契机所在，因为它牵涉村民的利益，是村民最为关心的问题，也最容易调动村民的积极性。D村村干部并不是没有任何治理资源，反对者也不都是强硬的“钉子户”。在村干部的调解、动员和组织下，不少反对者的合理诉求能得到满足，不合理诉求也能得到解决。面对强硬的“钉子户”，也有解决的办法。D村的村干部敢做事，又有一定的治理资源，有能力动员村社较为积极的力量，把被动的反对者争取过来，边缘化一些强硬的“钉子户”，从而达成一定的集体行动目的。

对于很多公共事务，常年生活在村里的村干部和村民对问题的症结十分熟悉，对一些利益纠纷的谁是谁非，也都能做出较为公正的判断和认定。在村干部和村民的共同参与、协商和讨论下，大家一般都能形成一个标准和共识。问题的难度在于大部分人包括小组长无法解决个别人的反对，也就是谁去得罪人，得罪少数人的成本谁来承担的问题。谁有较高的权威性和合法性去得罪人，而不会引起“反对者”的合法性质疑？谁来承担得罪人的成本，成本和收益能否平衡？在多数情况下，没有人愿意承担得罪人的成本。有些是不敢，有些是不为。在没有较高的收益下，大多数村民不愿意出头得罪人，不愿意为了公共利益而独自去做得罪人的事情。

除非多数人出面，大家一起形成对“反对者”的包围之势。

因此对于村庄的公共事务，特别是涉及利益分配和利益调节的事情，需要解决两方面的问题：一个是要解决带头人的问题，即治理“权威”的问题；还有一个就是需要群众的参与和协商，利用村民的力量来形成利益分配标准，判别是非，达成共识，维持正义和进行公共决策。这样才能形成令大家信服的决策和解决问题的方式，村庄也能形成一定的公共性。不排除一些强势精英利用私人的强力或是背景、势力自行去裁决一些事情，但如果缺乏公平性，很容易造成后续的矛盾。而大部分村组干部是一些中农和部分老人群体，他们没有足够的私人资源或是强力去采取类似的方式，更多的是在个人的带头下，借群众之势来解决问题。

D村中农干部权力实践的特点是利用自己的人情面子资源和有限的项目资源调动村内中小型精英的力量，并通过他们来进行群众动员，让村民参与到村级治理中来。中农干部作为一种非强势的精英人物，与富人干部依赖自己强势的社会资本和经济资本，依赖边缘人物和各种资源实现“私人治理”的机制不同①，非强势的中农没有维系自身强势社会资本生产的经济实力。他们要想形成良好的村级秩序，必须依赖群众的力量，发挥村民当中积极分子的力量，带动大家参与村庄公共事务的积极性，形成群众自我服务、自我治理的能力。

与富人干部倾向于把村庄的一些项目工程、公共资源拿来自己做或是输送人情、建构自身的利益关系网络不同，D村的中农干部更倾向于把它们分给小组长，由小组长带领组员来积极开展建设。这部分项目工程没有交到一部分纯粹为了谋利不择手段的小混混手中，而是把有效的资源用在调动村组干部、村庄精英和村民的积极性上，把工程交给小组长或是小组内部会包工的人，他们再组织村民来进行施工建设。小组长和村

① 王海娟(2016)认为富人治村的主要动机是追求个人经济利益，富人治村的权力运作模式形成了“权力的利益网络”。富人治村的治理资源、治理主体以及治理机制具有私人性，实质上是与公共治理相违背的“私人治理”。

民在建设自己家门口的公共工程时，积极性比较高，不敢怠工。村民觉得是给自己做好事，在做事的过程中效率和质量就能得到大大提高，相对外面的工程队来说能做到又快又好，关键是成本也低。节省的资金可以用于村级运作，也可以用来建设其他项目。

村庄的公共事业所产生的成本交给村民去商议，村民的成本损失、补偿方案等问题自己协商解决，并不由项目资金或是村集体来承担。在村级建设的过程中，也通过动员大家的力量和人情网络资源来对机会主义者等边缘群体做工作，或进行一定程度的惩罚，从而增加了村民的公共责任意识和对公共利益的认知。因此，D 村村干部的做法一是调动了村民的积极性和建设力量，形成了村民自治的能力；二是公共品建设的成本降低了，质量也得到了保证；三是解决了村民迫切的公共品需求问题。

此外，由于项目资源十分有限，主要是一事一议项目，很少有什么上级安排的项目工程，村级公共品的供给往往就村民讨论和反映的最急需、最紧缺的项目来铺展，村民积极配合和建设的热情就比较高，特别是对于中西部的农村来说，本身项目资源就比较少，而非典型村的项目资源就更少，村民对村庄公共品缺乏所造成的不便有着十分深刻的体验。资源的稀缺和村民强烈的公共品需求形成鲜明的对比，只要村干部稍微积极些，村民就能够行动起来，达成集体行动的目的。村民的集体行动能力一旦被激发，正常运作起来，就可以形成持续的自治能力，在开展村庄其他事务时就有了主动性。

在村民不断流动、利益日益分化、村庄社会日益离散化的今天，汉镇的村治主体及其治理模式有效地实现了村庄社会的整合。他们能够协调村民之间的矛盾纠纷，充当着村庄社会“黏合剂”和“润滑油”的作用。针对一些村庄公共事务，尤其是资源、利益分配问题，汉镇的村级治理中并没有出现太多以权谋私的行为，村组干部通过发动村民参与和民主协商的形式，有效地实现了公共资源的运转，最大限度地照顾到大多数村民的利益，没有因为利益分配不公或村治主体的不公行为而撕裂村庄。村民的参与和民主决策不仅让大多数村民的利益诉求得到了较好的回应，也能够让外部资源跟村民的需求实现一定程度的对接，把公共资源有效地分配给有需要的村民。

（二）社会资本激活与再生产

在汉镇的村级治理过程中，村干部利用村民对公共品的利益诉求和对自身利益的关切，充分调动了村民参与村庄公共事务的热情。而村干部在具体的权力运作过程中，则充分利用村庄中的社会资本资源，如村落中的共识、道德伦理规范、互助传统、人情面子资源等来调节村民的利益关系，克服村民觉得利益不平衡的心理，边缘化少数不合作者和钉子户。并且，村干部通过动员积极分子来带动大多数村民的参与积极性，也通过这些少数积极分子来承担组织交易成本，正是少数人的带动和承担较多的组织成本，村落中的社会资本才得以不断地被激活和再生产，让公共品的成本负担和村民的投资收益能够达到大致的均衡。通过后期的惩罚机制来让大多数村民有了稳定的投资预期和风险保障心理，最终形成了稳定的预期平衡机制，没有人会因为少数个别人的不付出而形成普遍搭便车的现象。越来越多的人愿意去惩罚一些边缘群体，主动承担起村庄公共事务的组织协调成本，少数不合作者也能够得到惩罚。

1. 中农与社会资本激活

中农作为村治主体在激活村庄社会资本、重塑村庄社会关系、维护村庄公共规则和决议中发挥了带头作用。首先，中农有一定的积极性和能力来承担起组织、激活社会资本的责任。他们自身的经济利益与社会关系主要在村庄中，国家的公共政策、村庄公共事业的改善与他们的利益紧密相关。他们的家庭收入主要来源于土地以及村镇范围内的各种经济机会，能与村庄中的大多数农民形成紧密的利益关系和社会关联。这也让他们有一定的积极性参与村庄社会的公共事务。

中农群体的经济社会属性决定了其参政的动机具有更多的自我服务

和他人服务相结合的特征，个人利益可以和村庄整体利益有效地结合。他们作为庞大中等收入群体的一员，在村庄长期的生活交往中，注意到与各类群体的友好互助关系，他们能够与村庄中的大多数村民展开平等的交往、互助活动。中农与大多数村民的经济社会关联使他们具备一定的经济、社会优势来开展村级治理，他们活跃在农副业生产的各个环节和基层市场的各个方面。他们与村庄中的其他精英群体、普通村民有着共同的利益关系和一定的人情互惠往来关系，从而具备连接村庄各类群体，动员村民参与村庄事务的社会优势。特别是村庄中负担较轻的老人，他们不仅是农业生产的主体，而且是村庄公共事务的主力。中农与他们一样关心农业生产和村庄面目的改善，相互之间有着紧密的合作需求，并且依赖血地缘关系在互助往来之中形成了紧密的人情互惠关系。他们中的一些积极分子有一定的公益心，就成为体制内的精英，作为村级治理的主体和村级建设的主要带动者。总之，中农通过自身的动员能力和社会资本资源来积极地联动村庄内部的社会资本，从而形成共同参与、共同治理的局面。

2. 群众参与与社会资本再生产

村庄内部的信任体系、公共规范、互惠机制逐渐得到重新激活，不仅村民和村干部之间，村民之间也能够形成稳定的信任、互惠关系。同时，村民的参与、村庄社会资本的激活，也刺激村治主体乃至村庄内生精英的积极性，他们能够在村庄公共事务中获得较高的社会评价，从而获得一定的社会价值激励，最终能够承担起组织交易成本。

村民对一些利益分配项目的参与协商，对自身利益诉求的表达，很大程度上缓和了村民与村干部之间的不信任关系，重塑了村干部的合法性和权威性。村干部虽然在开展治理之时也采取了一些特殊的手段和措施，但在村民自治的逻辑下，这种行为具有一定的合理性。干部群体灵活动员熟人社会的力量和利用有限的项目资源来维系村庄的基本运转。公共资源的使用是为了公共利益和集体目标的实现，并没有转化为私人的利益，没有产生损耗。借用公共资源调动村庄社会的力量和资源，实现了一种低成本的治理。其权力运作具有很强的公益目标指向，中农干部比较了解农民最迫切的需求，能最先回应农民亟待的公共品需求，因而能够得到村民的认可和支持。即使在行使自己的职权时得罪了少数人，但由于其行为具有一定的公共性和正义性，是为了集体的利益，故仍能得到村民的支持。

村民对村庄公共事务的参与也让村民更清楚地了解了村级事务的运作过程，解决了信息不对称或是不透明所产生的对村干部不信任的问题，村干部和村民之间有了良性的互动及交流的可能性。村民能够对村干部和村级组织的合法性产生积极的回应。中农干部借助村民的力量和国家自上而下的资源，调动了村民参与村级治理的热情，并就村庄公共事务、公益建设和利益分配等让村民参与协商讨论，没有因为惠农资源的不透明和村民公共品诉求的不对接，而造成村民对基层组织的不满。此外，中农干部长期生活在村庄中，有一定的闲暇来处理村民的琐事。他们跟普通村民有着紧密的人情关系往来，也比较容易与群众打成一片，更能听取村民的意见和诉求，了解村民的疾苦。他们在长期的村庄生活中所表现出来的能力和公心，让他们能够获得村民的支持。

我们村的书记还不错，不管怎么样，尽心尽力，什么事找上他，都会给你想办法。上面有什么事情，也都让村民知道，大家对他还比较放心。(D村5组村民，CME，2015/09/29)

（三）小结：社会吸纳资源与自治民主化

从上述章节的分析中我们可以看到，中农干部由于私人性的社会资本较弱，开展村级治理的手段主要是利用一些外部资源来动员和激活村民自治的能力。也就是说，中农干部开展村庄治理的条件有两个：一是国家输入的资源和有限的村集体分配权力，二是村庄内生的社会资本。中农干部在其中的角色是把国家公共资源拿来激活村庄社会资本，通过国家资源的社会化运作，实现了民主自治。村民的参与实现了权力运作和利益分配的公共性。在此过程中，国家和乡镇政府扮演的是资源供给者的角色，村干部扮演的则是利益表达、协调资源和动员者的角色，村民则具有参与、表决和治理等多重角色。

从治理资源上来看，中西部大部分村庄属于以农业生产为主的村庄，村级可支配的资源比较少。村庄公共治理资源的缺失导致了中农干部的治村困境。由于中农干部大都没有很强的灰黑势力背景，在治理边缘势力和化解矛盾纠纷时，除了利用自己的人情面子，常规性地动员村组干部资源之外，也只能通过发动群众的形式来解决问题。因此，中农干部要想有所作为、形成良好的治理秩序，一般要与各个小组长及村庄中的非体制精英建构一定的人情关系，依赖和动员村庄社会的积极分子和村民的力量来开展治理。

从治理主体和治理对象的权力关系及互动关系上来看，中西部农村地区的村级权力结构呈现出多中心、分散、弱小的扁平化状态。这种权力结构就决定了无法通过一个或是几个强势的权威中心实现对村庄的治理。由于中农干部的权势较弱，他们必须通过动员的方式来实现多个中心的联动，从而达到村民参与和共同治理的目标，在村级权力关系较为扁平化的状态下，村民的权力地位也较为平等，这也为村民平等参与协商提供了条件。同时，村民的参与也为多样化的利益诉求表达和差异化、分类化的治理提供了群众基础及公共平台。而对于村庄精英和村治主体来说，他们往往在最初的动员、决策的最终落定和事后的惩罚监督上发挥主要作用，他们承担了更多的组织协调和交易成本。而与此同时，他们往往也收获了较多的社会声誉，积累了一定的社会资本，同时他们也是村庄公共品溢出效应的享有者。

从治理机制和模式上看，在村庄一些难以解决的公共事务上，特别是水、电、路、渠等基础性公共品的供给，惠农资源的分配，矛盾纠纷的调解，乃至上级安排的行政任务等村庄公益事业和政策任务上，中农干部更多的是通过村民参与、民主商议和讨论的形式来解决问题。惠农资源也恰恰给了村干部一定的治理资源来调动村庄精英和大部分村民参与村庄公共事务的积极性。作为普通的以农业生产为主的村庄，虽然没有大的专项项目，但还是有一些小型项目和惠农指标资源，村干部完全可以借助资源分配的权力，将其转化为村级治理的资源。

村干部靠着自己体制性的身份，积极争取乡镇、县市领导的帮扶，对于村民的事情则积极负责地回应，尽量满足他们的要求。中农干部除了依靠自己的责任心来不断地积累自己的权威资源外，他们还非常注重动员村委班子和村民的力量来积极解决问题。并且，由于利益紧密相关，在被动员的过程中，村民参与的积极性也被调动了起来，这就为村民通过自己的方式来解决村庄治理的问题提供了基础。这种治理方式不仅体现了对弱势群体的保护，也体现了对不合作者强硬的一面，符合大多数村民的公共利益诉求。从治理机制及其治理结果上看，在中农干部的带动下，村民自治得以实现，其民主化的治理结构体现出一定的平等性、公平性、协商性和自决性，实现了村庄的社会整合。

当然，现实中也存在个体性与总体性的差异，中农群体之中也有不愿意当干部的。个别人当上村干部也存在只顾个人利益、不顾集体利益的情况。但是，这样的情况不属于结构性的因素。本书是从当下的经济社会结构上来分析造成中农公利动机的结构性影响因素的。从当下中西部地区总体的治理环境来看，中农成为村治主体及其治理机制的形成是带有一定共性的，它是当下宏观制度转型、基层治理体制转型和中西部地区具体的村庄社会基础共同形塑的结果，是税改以后，国家与农民的关系、中西部地区乡村两级关系和村级权力关系共同变革的结果。具体体现在村级治理的目标任务、资源手段和治理对象的变化对村级治理结构、治理模式及其治理结果产生的影响上，而这些因素都是有一定共性的结构性影响因素。

图 5-1 为汉镇的村级治理机制结构图。

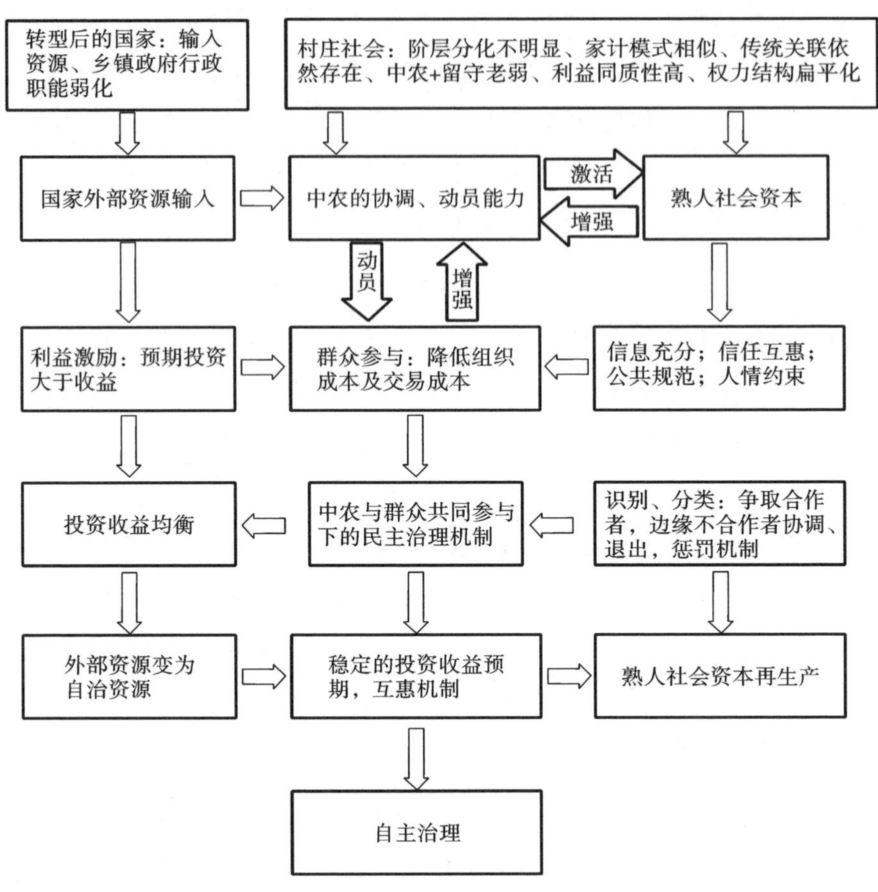

图 5-1　汉镇的村级治理机制

三、区域差异与村治类型

由于区域经济发展不平衡，国家治理面临的是农村社会差异极大的问题。不同地区的农村在发展基础、程度和阶段上存在较大的差异。按照经济发展程度，我们可以把中国的村庄分为东部沿海发达地区农村和中西部的欠发达农村。中西部大中城市的近郊农村和有特殊矿产资源、企业的农村，其经济发展程度和利益资源也比较多，其农村类型也类似于东部沿海发达地区的农村。

村庄社会发展的不均衡导致同样的政策和制度安排在不同的地区表现出不同的治理实践。东部地区的村庄因为经济发展的溢出效应和有较多的工商业机会，村庄中有较多的富人群体和精英群体，村民大都在地化地实现了家庭生产和再生产，因此村庄社会生活比较完整。工商业发展所带来的土地价值提高，围绕着土地、资源分配等产生了复杂的利益纠纷：一些郊区农村涉及征地拆迁等巨大的土地利益分配；还有一些农村地区内部私营企业众多，村庄内部利益密集；同时，较多的财政项目资源也导致村级建设比较多，除了村庄道路等基础设施建设外，还涉及拆违控违、环境整治、美化环境等福利性项目。经济资源、机会比较多，涉及的资源分配和利益纠纷就比较多，高密度的村庄建设引发的村级治理任务比较重，富人治村和灰黑势力参加村级治理较为普遍（贺雪峰，2011）。

（一）富人治村与政治排斥

沿海发达地区城乡之间大都实现了一体化的发展。农村地区也有大量的工商业发展机会。以浙江地区的农村为例，不少村庄都有支撑的产业，家庭作坊、中小型企业密集存在，村民在村庄之中就能够享受城市发展和工商业经济发展所带来的溢出效益。大部分村民能够在地化地实现家庭生产和再生产，因此，村庄社会结构比较完整。同时，当地经济的发展和利益的密集也导致了收入差距和社会分化普遍要高于农业型村庄。在村庄秩序方面，经济分化导致社会分层和政治排斥，典型表现是社会结构两极分化下富人群体的活跃（罗兴佐，2015）。

东部发达地区的村庄社会结构一般分为富豪阶层、富裕阶层、务工阶层、底层群体（袁松，2014）。富裕阶层主要是企业中的管理者、小企业老板、小包工头、生意还比较成功的人士等。务工阶层就是在当地附近的企业上班、打工，这部分人的收入跟去外地打工的农民工没有什么差异，他们属于村庄中的大多数，占到60%左右（袁松，2012）。底层群体主要是指家庭内部的劳动力出现问题，属于老弱病残等，他们借助政府的补助救济，加上能在附近看大门、扫地等收入，收入比中西部地区的老弱病残要高，但是相对于村庄中其他阶层的人来说，他们的收入是比较少的，在村庄中属于底层。

同时，密集的经济发展机会也导致了村庄权力博弈较为激烈，特别是在村庄精英群体数量较多的情况下。在村庄精英较为强势的情况下，村庄的精英类型也表现为一部分富人企业家群体。为了争夺更好的发展机会和更多的资源，掌握资源分配权的村干部职位就成为他们斗争的焦点。村干部的身份有利于精英获得自身的利益，因此，村干部的选举和村庄的权力斗争就比较激烈。在激烈的村庄选举下，能够取得最终胜利的大都是一些超级富豪（林辉煌，2012）。

村干部的身份可以帮助这些富人群体在外出做生意、承包工程、获得土地、办厂以及享有一些政策优惠方面获得好处，因此，富人群体大都愿意积极地参与村庄政治，富人当干部具有很强的投资-收益倾向（余彪，2015）。富人在村级事务中的一些公益行为和慈善行为，看上去是义务性的、无偿的，但是富人干部更多是出于一种“投资”逻辑来进行的，他们一般会通过直接或是间接的方式收回来，或者是利用村干部的身份进行投资办厂、做生意，或者日后从做一些工程项目方面收回（刘锐，2015）。

对于务工阶层和底层村民来说，在村庄社会分化和人情面子竞争较为激烈的情况下，普通村民大都要忙于自己的家庭生计，在工厂上班或是附近打工，获得务工经商收入，当村干部的工资收入较少，大部分村民也不愿意花时间和精力来当干部。当下一部分地区进行了干部正规化改革，提高了村干部的待遇，与乡镇公务员的待遇差不多，村民可以只依赖村干部的收入来获得基本的生活，不需要务工。这对一些务工阶层的人来说还是比较有吸引力的，但是，务工阶层也没有优势与富人、富豪阶层的人竞选村干部。富人具备足够的经济资本来生产自身的政治、社会资本，积累自己的人情面子资源，甚至从事慈善公益事业，并能够经营与地方政府的关系，以扩大自身的社会资本优势。他们还可以操纵村庄选举，进行贿选拉票，从而具有相当大的优势来获得选举的成功。与这些富人相比，普通村民没有能力、也没有强烈的动机去当村干部，富人治村在这里就具有不可逆的趋势。

富人村干部的这种权力实践，难以满足村民公平正义的诉求，他们摆平部分钉子户多是通过公共资源的私人输送来实现的。而村民也养成了凡公共事务和公益事业，自己不需要出钱出力的观念。这也鼓励一些投机取巧的村民当钉子户，私人治理下的利益调动导致村民的胃口更大，凡事“等、靠、要”，依赖政府解决。村民的集体意识和责任意识更差，导致没有资金支持就很难办事情的情况发生。富人治村的权力实践瓦解掉了村庄的公共规范和村庄共识，并形成了私人治理的逻辑。村民在此过程中形成了对富人干部和自上而下资源的依赖，也导致村庄公共性的进一步衰落和集体行动能力的进一步弱化(王海娟等，2015)。

在市场经济下，村干部个人致富能力就成为基层政府和村民信服的重要因素，政府都期待村干部能够利用个人的市场影响力和经济头脑带动村民致富，带来村庄发展致富的思路，期待作为“能贤”的富人，实现村庄的民主政治和善治。村民希望富人能带来更多的项目资源，更好为村庄建设服务。然而，乡镇干部和村民对富人干部的角色期待和政治想象不能成为富人个体的标准和角色认同。实际上富人干部更多的是为了能够获得一定的经济收益和社会资本来当干部，他们当村干部的主要动机是获得自身的利益。富人可以通过村干部这个平台来构建社会关系网络和利益网络，从而实现自身的利益。他们参与村级治理的手段主要是利用自己强大的经济社会资本来实现精英俘获和对普通村民的政治排斥，从而完成上级政府安排的任务。普通村民也因为难以与富人相竞争而被排斥在村庄利益分配之外，形成一种富人精英控制下的政治排斥的局面。因此，长期来看，富人干部的权力实践不仅造成了基层民主的萎缩和村庄公共性的瓦解，还导致了村级组织的合法性流失。

（二）狠人治村与暴力控制

一些城郊地区的村级治理则呈现出社会势力参与的情况。城郊地区的农村大都处于城市化的进程之中，有大量的征地拆迁任务。在农业用地转为工商业用地的过程中会产生巨量的利益，为了获得利益，村庄中就会产生激烈的利益博弈。与有产业基础的村庄不同，因征地拆迁所带来的利益博弈主要体现为机会主义者大量出现的问题，而非一批企业家型的富人群体进行权力利益的争夺。由于土地不可移动，而土地征收又必须全面铺开，再加上征地拆迁又必须在一定的时间内尽快完成，这就增强了村民争当机会主义者的投机心理。因此，城郊农村的核心任务就是解决强势机会主义者的问题(耿羽，2013)。

城郊村虽然距离城市比较近，但是村庄中并不具备大量的工商业机会来滋养企业家群体，村庄富人精英大都被城市所吸纳。因此，村庄的社会结构也没有呈现出过度的两极分化，村庄中的主体结构仍然是在附近务工经商的普通村民。但因为征地拆迁涉及的矛盾利益较为复杂，治理的任务和难度较大，基层政府也倾向于任用强势的精英甚至是有灰黑势力背景的狠人来当干部。这些狠人也因为能在完成征地拆迁任务和当干部期间获得一定的利益而愿意参与村级治理。一般来说，狠人村干部在征地拆迁中可以通过承包一定的项目工程，或者以获得一定的奖金、剩余索取权等方式来实现自身的利益。

村干部的职位具有了较高的获利机会，一些村庄狠人就有一定的动力来参与村级治理，并形成一定的派性政治。围绕着村干部的职位竞争，村庄中也形成了一定程度的拉票、贿选行为。由于基层政治势力并不稳定，也难以有效地均衡，狠人治村的权力博弈和派性政治较为明显。而基层政治中胜出的狠人干部也在地方政府的支持下逐渐壮大，在村庄政治层面则形成了“地利共同体”：由地方政府、村干部、村庄灰黑势力联合而成，普通村民在数量上是大多数，却不在“地利共同体”之中，村庄中的政治是少数人的政治(耿羽,2013)。村庄政治中普通村民的参与也是很少的,个别机会主义者替代大多数的村民成为村级政治的又一利益获得者,政府出于维稳的考虑,倾向于对这些机会主义者采取各种形式的利益满足措施。然而,政府这种无原则的行为,也刺激了村民争当机会主义者的心理。村级治理更加需要依赖灰黑势力等强势群体来开展治理。狠人村干部往往也是采取软硬兼施的办法来完成村级治理的任务,以直接或是间接的方式补偿机会主义者。而与富人村干部不同的是,狠人等灰黑势力倾向于采取恐吓、威胁甚至是暴力的手段来完成征地拆迁任务,从而对普通村民和机会主义者产生一定的威胁,村庄秩序的维系是这些狠人依赖自身的暴力威胁来维持的。但是,这类村庄秩序也并不稳定,很容易出现恶性事件(耿羽,2014)。

狠人村干部的权力基础来自私人的暴力和社会势力的支持,村民对其服从更多是被迫慑服。与富人治村相比,狠人治村更加蛮横,对自身利益的追求也更加直接、赤裸。狠人村干部在解决问题的同时,也在制造问题,他们以自己的强力压服村民,村民就会有一定怨气(田先红,2010)。特别是村干部以权谋私的行为和个人不检点的行为,乃至对个别村民的利益损害,都会让村民产生一定的愤慨心理,从而对村级事务不配合。村干部虽然可以采取暴力威胁的方式,不用自己出面就可以解决问题,但是,在维权意识不断增强的趋势下,村民会把这种怨气通过上访、举报等方式反映到上层政府中,造成基层政府维稳的压力。因此,狠人可以在一定的时期内通过自己的强力维持村庄的秩序,但是,其对公共利益的损害无法得到村民的认可,长期的积累就会导致村民意见的爆发,导致村级秩序的不稳定(袁明宝,2014)。

(三)区域差异与村治类型

表 5-2 为区域差异与村治类型分析表。

表 5-2 区域差异与村治类型

比较项目	东部发达地区、城郊	中西部欠发达地区的农村
经济与资源基础	工商业经济发达，致富机会较多；资源多；生产力相对发达	农副业生产为主，项目资源少，利益稀疏
社会结构	村庄精英在村的比较多，包括经济文化精英，同时社会势力较为发达，阶层分化较为明显	村庄精英外流，村庄人口结构不完整，阶层分化并不明显
治理主体	富人、灰黑势力较多	中农
治理任务	处于城乡一体化的进程中，大量的新农村建设项目；钉子户、上访户比较多；发展型的村级组织，进行新农村建设	村庄建设比较少，主要是基本的道路等公共品建设；钉子户比较弱；维持型的村级组织
治理资源	强镇强村：基层政府的财政实力和行政力量较强，村级组织集体资源较多，有一定的治理能力	弱镇弱村：乡镇政府的财政实力和行政能力比较弱，村级资源缺乏，主要依赖村庄中的社会资本和外部资源
治理机制	依赖地方行政力量和村庄中的富人、灰黑势力等强势精英开展村庄治理；政治排斥与垄断，去公共性的乡村治理	依赖上级资源输入来维持基本的村庄运转；依靠中农来组织动员开展治理；民主性、商议性、公平性和公共性治理

在国家治理转型和基层社会变迁的情况下，东部和中西部地区的村治主体及村民自治呈现出较大的差异。东部地区面临着利益资源过多带来的村民自治失效问题，而中西部地区则面临着资源不足带来的村民自治失效问题。发达地区因较多的资源、利益，吸引了富人、社会势力参与村级治理。富人、狠人有较多的权力资源和较强的个人能力，往往垄断村庄政治，控制村庄选举和村级治理，并利用私人或是公共资源来进行精英

俘获，治理钉子户、上访户等少数群体，普通村民被排斥在村庄政治和利益分配之外。农民的不参与、公共政治的缺失也导致村级治理结构的寡头化，村民自治也只是流于形式上的选举，体现出较强的私人治理的性质。

中西部农村地区的村治主体和治理机制则体现出另一种逻辑，村民自治则陷入另外一种困局。中西部普通的农业村庄很少存在“超级权势”，村民的权力地位较为平等，村级权力结构呈现扁平化。但是，由于发展致富的机会比较少，大量人口，尤其是村庄能人外流，再加上村集体资源缺乏，导致村干部进行利益协调的能力不足，缺乏组织、动员村民参与村庄建设发展的能力。村治主体的权威不足，又没有私人的权势、财富和暴力来解决村庄中的矛盾纠纷。村民在长期的利益诉求不满足和自我组织能力的困局中，也缺乏参与村庄政治的热情，村级建设和村级治理演变为少数人的事情。因此，中西部地区面临着资源利益不足情况下的村民自治困境。

汉镇作为边陲地带的农业乡镇，长期以来村庄建设发展资源不足。但在村治主体的积极主动和乡镇干部的配合下，有限的项目资源和潜在的社会资本被有效地利用起来了，村级治理中形成了一种有效的动员机制和民主治理机制。也就是说，村民自治的潜在资源在中农的带动和外部资源的输入中被激活了。在达成村民自治的过程中，外部资源的输入部分解决了村民自治资源不足的困境。中农群体在此过程中承担了初期的组织成本、交易成本，并使外部资源转化为公共资源和治理资源。外部资源和公共利益诉求是村庄动员机制形成的物质前提，中农群体是动员机制形成的权威主体，村民参与和村庄社会资本则是自治民主化的社会、文化基础。

通过对比富人治村及狠人治村的参政动机、治理机制和后果，我们可以发现，东部发达地区的富人群体、狠人群体作为村庄中的少部分利益群体，他们参政的动机主要是谋求个人利益，在利益分配和村级治理过程中产生了政治排斥和利益排斥，不利于村庄社会的整合。中西部地区的经济社会现实导致了中农群体参政的现象，并且有效地激活了村民自治的潜在资源，中农群体成为大部分村庄进行社会整合和维持农村社会稳定的力量。

第六章　结论与讨论

中农作为具有公利动机的乡村精英，在利用国家公共性资源的过程中，可以激发村落社会的公共性和自我建设能力，并从传统的、革命建设的历史遗产中，挖掘和重塑村落社会文化的、组织性的治理资源，重塑乡土社会的治理能力。

一、结论

改革开放以来,经济社会的持续变迁以及国家治理转型带来了村庄权威秩序的变革。本书通过对汉镇村治主体类型和治理模式的研究来说明税费改革以后中西部传统农业型村庄的权威秩序变化及其特点。在对汉镇经验进行梳理、提炼的基础上,本书作者得出以下结论。

第一,中农群体逐渐成为村治主体。在中西部以农业生产为主的传统农村地区,村庄中逐渐出现了一部分中农群体,他们在农村人、财、物流出的大背景下,逐渐成为村庄权威秩序最主要的维护者。他们是一些在村的青壮年群体,利益关系和社会关系都在村庄中,收入水平位于村庄的中间位置。他们是村庄中的小规模种养殖户、小手工艺者、家庭农场主、小商户、经纪人、村医、老师等,他们没有脱离农业生产和农村生活,主要从农副业等生产环节和上下游的流通服务环节,以及一些满足农民生活需求的商业服务项目中获得收入。他们往往是多元兼业的小农,与普通村民的差异不大,但年龄、身体素质、文化和技能水平、社会关系资源等方面的优势禀赋,使他们在村庄中的地位和作用比较突出,成为高速城镇化进程中坚守在村庄的中坚力量。

第二,这部分中农群体成为村治主体与中西部地区特有的经济社会结构有关。特定的经济社会空间造就特定的权威类型,中西部普通农村地区的村庄内生权威表现为一部分中农群体。从这部分权威产生的经济基础来看,中西部地区以农副业生产收益为主的经济资源总量决定了在村的权威并不是超级富豪。较低的农业生产力和有限的基层市场空间难以滋养大量的富人群体,而只能给一部分青壮年劳动力提供参政的经济资源。虽然中西部大部分农村地区的经济资源总量不足以让农民富有,难以使大部分农民就近获得就业机会,但也没有让农村全面凋敝和空心化。农村的经济资源和市场空间依然让一部分青壮年劳动力能够在村庄实现他们的经济收益。在现有的土地经营制度和市场机制下，部分农民的外出和城乡资源体系的交换，带来了农村劳动力、土地资源等生产要素的重新配置，使得农村社会的经济机会和资源空间得以集聚，村庄剩余劳动力的价值得以提升。部分在村青壮年可以通过占有这些机会和资源来获得不低于外出务工的收入，从而在经济社会地位上与多数外出务工的村民齐平，或略高于普通村民。随着村庄富人群体的城镇化和农民的大量外出务工，长年在村的农村人口结构就表现出一部分年富力强的中农群体和大量老弱群体留守的局面。在这种局面下，中农群体就逐渐成为村治主体的主要来源。

第三，从税费改革以后国家与农民的关系来看，中农群体成为村治主体也是国家、地方、农民等各级主体互动的结果。首先，从中农群体自身的参政动力来看，由于中农群体自身的经济利益主要在村庄中，能在不耽误自身农副业生产之余，额外获得一份经济收益。一些有关农村的公共政策、村庄的公共品建设往往事关他们的利益，因此，他们对村庄政治事务较为关心，并且他们也是国家惠农政策和公共品建设的较大受益者，愿意在村庄的公共事务中带头，承担组织协调的成本。此外，传统社会的人情面子机制、伦理道德规范和人民公社时期的集体组织虽然改变了，但它在农村培养起来的社会责任感、集体责任感等价值观依然还有。这些对长期生活在村庄中的中农群体来说仍具有一定的影响，促使中农能够出于公利的动机来承担村治任务。总之，中农群体能够从村治主体的角色中获得一定的经济社会收益。这也成为当下在利益资源贫乏、工资报酬待遇低下的情况下，中农群体仍愿意出任村干部的原因。其次，从乡村两级关系和干群关系来看，税费改革以来，国家治理转型所带来的是乡村治理目标任务、治理资源手段的变化，这也对村级治理主体和治理对象的关系产生了影响。这些因素共同导致汉镇村治主体的变革。国家治理目标及治理体制的变革对乡镇政府的治理任务、角色职能及其治理能力产生了较大的影响，造成乡镇政府不再需要通过一些狠人、强势群体去控制村级组织，村级组织的主要目标是维稳，保持村庄基本运转和惠民资源分配。村级组织角色和职能的转化也成为中农群体从非治理精英转变为村治精英的政治基础。而村庄内生权力秩序的变革也为中农群体作为村庄精英提供了社会基础。农村权力结构的扁平化状态让中农群体有一定的能力来维持村庄的稳定和基本秩序,他们逐渐替代一些老式干部成为村治主体。

第四,从中农群体治理机制来看,这部分群体虽然难以像富人一样凭借私人资源来进行村庄治理,但在资源输入和新农村建设的背景下,他们能够借助惠农资源来有效地完成村庄建设,达到村庄动员和村民自治的效果。由于中农和村庄的大多数人都要依赖土地、依托农村进行生产和生活,共同的利益决定了他们对村庄的公共品建设比较关心,他们有集体行动的意愿。中农群体长期生活在农村,熟悉村民的实际情况和矛盾症结,了解村民的基本利益诉求,同时也积累了一定的社会资本,有一定的群众动员能力。他们借助惠农资源,让村民参与到村庄建设和利益分配中来,能够通过民主协议、集体表决、集体监督等形成集体行动的能力。从治理的结果上看,中农干部的动员能让大部分村民充分表达自身的利益偏好,尤其是在村民共同需求的道路、水渠等公共品建设上。并且,在公共议决和村民参与的过程中,村治主体能够通过公共资源的公共运作,实现国家资源的社会化运作和自治民主化,从而增加村级组织的合法性,实现村庄社会整合发展。

第五,经济发展程度和村级资源的状况影响到村庄社会结构和村级权力结构的生产,不同农村地区的精英类型、村治主体和治理逻辑表现出巨大的差异。东部经济发达地区的村庄社会结构较为完整,人口外流比较少,村民能够在村庄及其附近完成家庭再生产,精英在村比例比较高,村庄呈现出明显的阶层结构。同时,因为经济资源和利益机会比较多,涉及的资源分配和利益纠纷的情况比较多,富人治村和灰黑势力参加村级治理较为普遍。并且体现出较强的强人控制、私人治理和政治排斥的特征,使得村民自治流于形式。中西部地区则出现中农治村的现象,少量村级治理资源的输入和村级权力结构的扁平化使村庄具备了村民自治的潜在条件。在村庄社会尚未实现现代化转型的背景下，国家尚且无法通过正式规则来开展治理，因此，国家通过资源输入来加强村级组织建设，并且培养中农群体成为村治主体的方式能有效激活村民的自主治理能力。

在上述研究发现的基础上，本章将进一步讨论传统农业型村庄权威秩序形成的内在逻辑及其基层政权建设的问题，并在此基础上进一步探析在传统治理资源和现代国家治理能力都不足的局面下，为什么需要村庄权威和国家的力量来共同激活村民自治的能力。从资源输入和社会资本激活的角度来探讨国家和社会的边界、角色及制度安排，即怎样的制度安排才能有效地实现对社会的融合，增强国家的治理能力。

二、精英政治还是群众路线

（一）农民分化与精英治理

在村庄社会不断变迁的情况下，思考“谁是农民?”“谁是农民群众的大多数?”“谁能代表大多数农民?”就成为基层政权建设至关重要的核心问题。改革开放以来，村庄社会也发生着巨大的变迁，市场经济的兴起，打破了传统和集体时期较为均质的村庄社会，阶层分化和利益分化的趋势不可避免，农村社会关系和利益关系正在重新调整。

村庄内部阶层分化和利益分化也给村庄整合及基层治理带来了不少挑战。基层治理出现村治主体与大多数村民利益不相连的局面，缺乏真正能够代表大多数人利益和关心村民利益诉求的村治精英。并且，村民的分化不仅出现在精英与普通村民之间，也出现在普通村民之间。村庄中一些只顾个人利益的“特殊户”越来越多，这就造成了集体行动的困境。分散的小农越来越难以被组织起来，村庄的公共品建设和公共事业都难以开展，这对真正依赖农业生产和土地，真正需要政府去保障的大多数小农来说，产生了较为不利的影响。富人、社会势力等强势精英能够利用个人强势的经济社会资本介入村级治理中，从而有利于村庄公共品的建设，但也带来了一些负面的影响。

有研究发现，在东部发达地区的农村，一种超级权势阶层已经形成，其影响力已经远远超出普通村民(袁松，2013)。由于东部地区工商业经济和城镇化发展程度比较高，不少农村地区已经实现了工业化和非农化，村庄也处于城乡一体化的进程中，村民也出现了明显的阶层分化(贺雪峰、谭林丽，2015)。村庄中不仅有大量的经济发展机会，而且也有不少的新农村建设项目，村庄中的资源和获利机会比较多，当村干部有较大的经济社会收益，这些都吸引着村庄中的富人、狠人等来当村干部。与此同时，由于地方经济发展的溢出效益，村级组织也有较多的建设、发展资源和项目。围绕着村庄建设和发展、利益分配而引发的村庄矛盾也比较多，较多的利益纠纷和较大的利益也刺激着村民演变为“强钉子”和上访户。因此，东部地区的经济和资源基础决定了村治主体、村治对象和村级组织的目标任务，且其主要治理矛盾症结是明显不同于中西部地区的。

东部地区的基层组织由于有较多的财政资源和行政力量支撑，基层治理在强镇、强村的局面下，有一定的治理能力。但是，村治秩序往往是由强势精英把控的，他们参政的目的也多是为了个人利益，难以反映普通村民的利益诉求，普通村民的参与性较差。即使有村民选举，也变为精英之间的权力和利益竞争，使精英竞争性选举脱离其民主的实质和对群众负责的内涵，更多地体现为财富、权势的竞争，这也导致贿选层出不穷(王建军，2009)。村庄政治也出现了富人垄断下的“寡头政治”(魏程琳等，2014)，富人垄断了基层社会的全部政治、经济资源，并从中获利，一些矛盾尖锐的城郊地区也出现了灰黑势力把持村政的局面。普通民众难以组织起来对抗强势群体，逐渐被排斥到村治主体之外。近年来，一些地区也开始反思富人竞选村干部所带来的弊端，逐渐推行村干部的行政化建设，但仍然面临村级组织“悬浮”于村民之上，村干部脱离群众的情况。

(二)群众路线下的中农治村

在中西部地区,村庄的经济发展和农民的收入水平决定了村庄的利益分化、精英结构不像东部发达地区。在中西部传统农业型地区的村庄,青壮年精英大都外出务工经商,比较成功的人大都已经城镇化,与村庄的关联降低,村庄存在一定的去分化机制。长期居住在村庄中的大都是一些留守的中老年人。农户之间由于土地资源等条件差不多,经济市场机会差不多,大家的收入水平也差不多,因此,村庄社会分化比较小,村庄内部并没有出现明显的阶层结构。富人等精英群体的离去,也为村庄民主政治的发生提供了基础。

中西部地区主导的村庄权威秩序大都是一些中农群体建立起来的,中农群体与大多数村民的经济社会地位差不多,都是村庄中的中等收入群体。他们作为村庄的青壮年劳动力并没有外出务工。他们以村庄为依托来开展农副业生产和家庭生活,他们全部的利益往来和社会往来也在村庄中,因此,他们十分关心农业生产和村庄发展。村庄大多数的农户跟他们一样,尽管多数农户主要以外出务工的收入为主,但农业生产和农村低成本的生活对他们来说仍然很重要,他们无法实现稳定的城镇化,只能依托农村来开展家庭生产和再生产,农业生产和村庄的发展也事关他们的切身利益,因此,中农群体和大多数农户的根本利益是相同的。由于大多数青壮年劳动力外出务工,只留下村庄的老弱妇幼群体在家从事农业生产,村庄很多公共事务也都需要依赖这部分在村中农去处理和协调,因此,这部分中农群体在村庄中的地位和功能逐渐增强。

他们作为在村的精英,在年龄、技能、人脉、眼界、文化水平、政治觉悟和接受新事物上所表现出来的能力,让他们成为村庄公共事务的主导者。他们与基层政府人员有合作互惠的关系,能够最先理解政府的意图、政策理念,对国家和政府的公共理念也有一定的认可。同时,他们与村落的经济、社会关联性,决定了他们能够代表村落大多数人的公共利益,能够与国家进行谈判和讨价还价。因此，他们也是村庄与外界接触的窗口，是连接政府和村民的纽带。

中农群体并不像一些强势的已经脱离村庄的富人精英，那些富人精英的人情社会关系已超脱于村庄，不了解村情民意和底层村民的利益诉求；也不像富人精英拥有超级权势和地位，不需要动员村民，只凭个人的资源和关系就能摆平很多事情。大部分中农都是很普通的村民，只不过他们更关心村庄事务，更积极一些。中农群体拥有较少的关系和资源也决定了他们只能通过动员群众来开展村庄治理，就大家共同关心的问题来讨论，群策群力地解决村庄的公共事务。在他们的动员和组织下，村民们在公共品建设、利益分配以及一些村庄公共事务上开展了广泛的协商和合作，以此来解决公共品供给和村级治理中的难题。特别是随着国家对农村输入的资源越来越多，民间社会参与村庄公共事务的热情又高涨了起来。在中农和积极分子的带领下，惠农资源逐渐变为村级治理的资源，村民自治也得以激活。

总之，我们看到不同地区的村庄存在不同的权威秩序，也体现了党在基层组织建设方面不同的政治路线。富人治村体现的是精英路线，中农治村则体现了一种群众路线。精英路线下的富人治村依赖富人个体的能力和权势来形成村庄政治秩序，同时也造成了寡头政治和村民参与的缺失，普通村民的利益诉求难以表达。中农治村下的村庄治理并不是依赖个人的权势资源，而是依赖普通群众共同的参与，形成民主自治的格局。虽然无法产生明显的政绩效应，但在有限的资源下，村庄民主和政治得以激发，村庄大多数的利益也能得到较好的表达和实现。不过，在目前的村级组织建设过程中，我们发现富人无论是在制造政绩，还是在争创项目方面都因为有相当的优势而被乡镇政府所青睐，富人治村也成为很多地区宣传的典型。如果说东部发达地区的农村还存在一定的社会基础和不可逆性，中西部地区盲目推崇富人治村，就严重脱离实际了。代表小农利益的中农群体的作用和价值也被忽视，导致大量的资源流向富人所在的典型村，而其他非典型村的项目资源则十分有限，大多数农民的公共品诉求得不到满足。因此，我们必须反思在当下村级组织建设和村干部的选拔中所出现的精英路线倾向和被逐渐抛弃的群众路线。

（三）新时期的精英路线和群众路线

在传统走向现代的过程中，国家在不同时期治理基层社会的政治路线和组织路线也是不一样的。传统社会乃至到新中国成立前，地方政府一直是依赖一些地方精英来治理乡村社会的，不管是经济社会地位较高的良绅还是地痞流氓式的劣绅、恶霸、恶棍。地方精英的优势在于有较强的能力、资源和控制力，以协助国家完成自上而下的任务，但借助地方精英治理乡村社会的劣势在于他们超强的地位和能力使他们很容易逃脱国家和社会的监控，成为较大的牟利者。在传统时期，国家还可以借助地方社会完整的文化网络和宗族体系来约束绅士的行为。但是到清末乃至新中国成立前期，政府为了汲取资源，利用一些强势的恶霸、恶棍来治理基层社会，就最终导致了基层政权建设的内卷化和政府合法性的流失。

新中国成立以后，共产党政权不再依赖绅士和恶霸式的地方精英，而是依赖底层群众，通过一系列的权力技术手段，将权力的触角深入到乡土社会。共产党不仅通过植入外部精英的方式来控制基层政权，而且通过阶级利益和权力关系的重组来吸纳基层社会的内生力量。在基层权力组织网络的建构中，选拔贫下中农的积极分子，将其培育为基层代理人，并组织普通农民广泛参与到新的政治生活中，通过政经合一、政社合一的“人民公社体制”来实现对基层社会的全面控制，借助这一组织网络既没有造成国家政权建设的内卷化，又完成了汲取资源的大量任务，强世功(2000)称其为“权力的组织网络”。这一时期的基层政权建设是传统社会以来第一次以动员底层而非依赖精英的方式来开展治理，也开创了独具特色的群众路线下的基层治理模式。

改革开放以来，群众路线逐渐被富人治村、狠人治村、混混治村所替代。新时期的富人治村、狠人治村等实际上仍是一种精英路线，是因为国家权力退出之后，地方政府无力完成自上而下的任务，只能间接地依赖地方社会的精英来完成。但所造成的政治后果与新中国成立之前的基层治理有着相似之处。税费改革以后，国家和地方无须汲取资源，但富人、狠人依然能够在资源争取和资源落地的过程中，凭借个人的资源、能力完成项目的争创和落地，因此，依然受到政府青睐，而群众路线也依然被抛弃。

后税费时期，地方政府不再需要完成资源汲取的任务，政府没有必要也没有资源调动强势人物来当村干部。特别是在传统农业型地区的大部分非典型村，它们不需要提高政绩，只需要维持基本的村庄秩序就可以，村干部的选拔也相对民主、宽松。同时，在这些被政府冷落的村庄中，村庄公共品十分缺乏，农业生产和生活不便，大部分村民长期受苦于此，也十分愿意组织起来，利用有限的资源来解决公共品的迫切问题，特别是全部生产和生活都在农村的中农群体。这就为群众动员和基层民主自治的发生提供了广泛的基础，一些长期生活在村庄的中农群体，有能力、时间来胜任相对轻松的治理任务，在自身能力相对不足的情况下，也愿意动员群众来完成村庄治理的目标。因此，传统农业村庄逐渐自发形成了一种中农治村的权威秩序格局，这些中农本身就是广大农民群众的一部分，能够代表村民的利益，在村庄治理方面又能听取民意，解决群众的利益诉求，注意动用群众的力量，因此，中农治村逐渐恢复了村民自治的本意和群众路线的工作方法。

改革开放以来，“富人治村”“混混治村”以及彻底抛弃村民自治的现象在各地不断上演。但无论是哪种方式，悬浮于村民利益之上，代表自身利益或者官方利益的村干部越来越脱离群众，越来越无法真正代表广大农民群众的利益。反而，真正能代表村民利益，与大多数村民利益紧密相连的中农，因为个人的权势地位较低下无法引人注目，不被地方政府所重视，只是默默地维持村庄基本秩序。

三、资源输入与自治激活

（一）群众动员

中农权威的积累也与国家治理转型和资源输入的大背景有关。中农个体的权势资源并不多，又不像新中国成立初期，有国家权力和行政组织力量做后盾。实际上，单靠自己的力量和能力来治理村庄是有一定难度的，但是，税费改革以后，村级治理的任务和资源、手段都发生了很大变化，这为中农治村提供了新的机遇。税费改革以后，村干部的任务不再是征收税费、执行计划生育等，而是要借助惠农资源的输入来维持基本的村庄秩序和公共品建设，保底维稳争项也成为税费改革以后村级工作的主要目标。村干部工作的难点主要是围绕着惠农资源所带来的利益分配问题和公共品建设问题。村干部能否公平公正地进行利益分配，能否反映村民的公共品偏好，能否解决集体行动中“搭便车”的问题，就成为自身权威积累的关键。

这些治理难题对中农来说既是挑战也是契机。资源的输入带来了利益分配的问题和公共品落地的问题，如果中农干部无法公正地分配自上而下的利益，也没有积极动员群众解决钉子户的问题，那么中农很容易就丧失了自身的权威，没有任何优势和能力来开展村庄治理，村级治理的难题也无法解决。这些难题会产生累积效应，造成农民的利益诉求无法满足，村级治理陷入瘫痪。如果中农不存在私心，在资源利益的分配上能够公开透明，能够让群众参与到村庄公共事务的协商和解决上来，借助群众的力量来解决钉子户问题和公共品落地难的问题，那么村民自治的力量就能被激发出来。也就是说，中农治村并不必然导致有效治理，还需要合适的治理手段，需要动员群众的力量，但是中农治村与村民自治有着天然的亲和关系，是村庄有效治理的充分条件。

之所以在新时期强调动员群众的力量，而非单纯地依赖精英个人的力量，就在于在传统农业型村庄，正式的或是非正式的治理资源都比较稀缺，中农治理的手段和资源已经十分有限，无法通过人情面子或是强制的方式来制约不服从公共利益和集体决策的人，但是群众之间却可以相互制约，不管是采用强制的手段还是动用人情面子，而不像村干部一样因为自己的身份而存在诸多限制。村民之间相互制约和监督，效果也十分显著。对于有着千丝万缕的亲缘关系，抬头不见低头见的村民来说，彼此之间更在乎人情和面子，也不会做出太有损公共利益的行为。即使一些个别难缠之人不在乎自身的颜面，村民也可以采用多种手段有效地制约这部分“钉子户”，并且为了大多数人的利益而制约这部分少数人的行为也具有合法性和正义性，从而实现公共利益的最大化。因此，在村民越来越强调个体利益和权利、中农权势资源不足的情况下，借助群众的力量和外部资源来激活村民自治，并制定和践行大家都共同遵守的村庄共识和公共规则，对于维系村庄秩序来说，就具有十分重要的意义。

（二）国家介入基层政权的角色和限度

在西方现代国家政权建设中，国家通过一系列的制度安排和正规的官僚体系建设实现了对基层社会的控制，国家在治理基层社会的过程中，越来越多地通过基础性权力建设来实现与基层社会的协调发展，增强自身的治理能力。但是，中国通过制度化的国家基础设施建设来增强国家治理能力的方式并没有带来有效的基层治理，反而造成诸多困境。如何才能增强国家的基础性权力，以实现国家社会的协调共治就成为国家在各阶段所面临的难题。总体上来说，通过设置正式制度以增强国家控制社会的能力是现代国家建构的主要路径，但是受制于自身财政困境、技术困境乃至经济社会基础的约束，这一目标流于形式化，因此，基层治理多是一种半正式治理状态。在以往国家权力的介入过程中，基层社会的自治也被行政化，并引发基层社会精英群体演变为“经纪群体”，造成基层政权的不稳定。国家为维持自身的控制权和政权的稳定，通过新一轮的正式制度建设来消灭自治过程中出现的非正式运作空间。但是，正规的制度建设不仅难以控制管理人员的寻租行为，反而破坏了基层社会的自组织能力，进一步加剧基层治理的困境。中国在建构现代国家政权中由于缺乏经验，在照搬西方建设制度还是保持自身半正式治理的实践中，往往摇摆不定。国家如何针对本国的国情，开创有中国特色的基层治理实践就具有重要的意义。汉镇的中农治理实践为我们理解新时期如何治理传统农业型村庄提供了一定的参考和经验。

汉镇作为一个中西部地区的农业型乡镇，并不具备较强的资源和利益空间来滋养分利群体。村级治理的目标多是维持基本的运作，而非大量的新农村建设，村级治理的形态也呈现出一种维持型而非发展型的状态。由于缺乏大量的行政事务和项目建设，村级组织的角色逐渐去行政化。中农作为内生的精英逐渐承担起村庄公共事务带头人的责任，并逐渐成为村治主体，在他们的带动下，汉镇村民自治的能力被激活。

仔细观察中农治村的机制和手段，笔者发现中农通过国家资源的社会化运作，通过动员积极分子和村民实现了权力运作的公共性。在此过程中，国家和乡镇政府在里面是资源供给者的角色，村干部是利益表达、协调资源和动员者的角色，村民是参与、表决和治理的角色。也就是说，若国家退回到资源供给者的角色，具体需要什么样的公共品？利益资源怎么分配？怎么协调？这些问题则由村民组织来协商解决。村干部在里面更多的是组织协调者的角色，作为公正的裁判者、协调者，不仅要承担组织交易的成本，而且要代表基层社会表达自身的利益偏好，而村干部也需要国家的资源支持和权威保障。村民在被动员起来的过程中，参与到村庄公共事务的决策、商议之中，也逐渐形成了自身的权利义务意识，主动承担组织交易的成本。因此，我们可以看到，在汉镇的村级治理中，国家行政力量并没有介入到基层社会，资源进入村集体组织一级，有效地激活了村级组织的动员能力。

汉镇的乡村治理主体及其机制让我们看到国家与社会合作的有效模

式，通过国家和社会的联动来重塑基层社会的自治能力。国家的资源支持和中农的中介作用，使得村庄公共品建设真正体现了农民的利益诉求，有效地调动了村民的积极性，激活了村庄潜在的社会资本，村庄社会的自主治理能力逐渐形成。

（三）社会资本的激活和再生产

社会资本理论认为，小团体之间更容易产生信任、共识规范和互惠机制，这些社会资本能够很好地解决村民自治中所面临的“搭便车”、可信承诺与激励监督问题，从而形成集体行动的能力。但是，社会资本有其衰落的过程，必须通过一定的维系机制和互动来保障社会资本的再生产。同时，有限的政治干预可以打破集体行动困境的恶性循环（高春芽，2008）。这也提醒我们，合理的政治干预能够为集体合作提供稳定的预期，有助于培育社会资本。但政府介入并非取消群体成员之间的自我组织，而是为自主治理创造条件。

当下农村社会人员的流动、变迁，农民之间的分化导致传统型的社会资本急剧衰落，建立在血地缘纽带、熟人社会基础上的信任机制和互惠规范的作用已经十分微弱。而现代型社会资本尚未建立起来，建立在理性认识基础上的互惠信任和平等参与的社会条件还不成熟。企图利用正式规则和现代契约意识来组织村民、治理农民的方式，效果也并不佳。因此，转型时期如何重建农村的社会资本以有效地促进农村社会的发展和自主治理，成为当下基层治理所面临的问题。但是，人们在提倡重建社会资本以促进农村社会的自主治理中，往往以西方的经验来指导中国的实际，忽视了西方社会资本的假设和经验条件，乃至忽视了中西方之间社会资本产生的经济、政治和文化基础的差异，导致在指导农村社会的自主治理和基层组织建设的过程中，往往把社会资本重建和自主治理等同于无政府主义和国家的退出。当前，农村实际上仍处于一种传统向现代的转型过程中，不仅尚未形成理性、个体化、平等、有契约意识的公民社会，传统型的农村社会也逐渐式微。单纯依赖传统社会资源来展开村民自治或是按照公民社会的逻辑来直接进行制度对接，都容易导致国家治理的失败。

在传统的社会资本正在衰落，而新的社会资本尚未形成的过程中，如何借助外在力量和内在力量来重建农村社会资本，以有效地恢复自主治理具有十分重要的意义。汉镇的中农既利用传统的社会资本资源来组织村民，形成集体行动能力，也利用国家外部资源和行政力量来打破村庄集体行动恶性循环的一面。在农民利益理性认识的基础上，通过碎片化的集体组织或利益相关的群体组织来形成新的公共规则，重新建构农民的权利义务观念和公共关系，从而形成一种传统和现代兼具的复合型社会资本，并通过社会资本的不断生成来保障村庄的自主治理能力。也就是说，虽然当下的农民社会并没有形成现代化、理性化、契约化的社会资本体系，但是农民也能在自我利益认知、理性实用和道义帮扶的复合型社会资本中形成一定的自治能力和集体行动能力。这种民间的、非正规的、非契约化的社会资本网络体系仍有一定的自我再生产能力。因此，在村民尚未演变为现代公民之前，国家通过资源输入和制度赋权，帮助村民建构以“村级组织”为主的现代社会的整合体系就具有一定的必要性，防止在传统自治资源不足和现代市场经济的冲击下，农村社会的过度散沙化。但是，国家的角色不是直接介入，而是间接扶持村集体组织，国家权力介入的方式并非制度型的嵌入或行政权力干预，而是制度赋权和资源介入。在行政权力退出的过程中，还必须要有一定的资源支持来激活村集体组织，这样村民能够通过理性认识和利益联动自我组织起来。

同时，在现代化的转型过程中，建立以村民自治为主的治理结构而非正式的官僚组织，也能够在国家和社会之间有一个缓冲地带及协调地带，防止在国家主导下的现代化转型中或是改造农村、农民和农业过程中出现激进或冒进行为。建构以村级组织为主的村民自治结构，既能体现国家的意志，实现国家在改造农村社会和实现自身转型过程中的能力，也能有效地吸纳村落内生的治理资源，帮助基层社会形成自主治理能力和集体行动能力，意识到国家经济、文化结构的作用，从而间接增强国家治理能力。尽管两者的研究视角和出发点不同，但是上述理论视角都逐渐发现了国家与社会的相互影响和依存关系，以及两者合作的需要，从而为基层治理结构及模式的设置提供了有效的理论资源。国家与社会的合作、共治，不仅能够有效地增强国家治理能力，而且能够促进基层社会的良性运转和自我发展。但是，如何有效地进行合作和共治，却没有普遍有效的模式，西方制度主义的"基础性权力"建设难以在中国产生良好的治理效果。

盲目的正式制度建设或是技术治理的方式往往因为中国在技术、财政基础乃至经济社会基础达不到的情况下，导致各种意外的情况发生。即在当下社会转型还未完成的情况下，国家和社会都需要一个有效的中介组织或是中间群体来进行上下的协商和对接。而这部分中间群体最好具有一定的社会资本资源，能够激活或是重新塑造新型社会资本，从而实现基层社会的自我组织能力。同时，中介组织的"代理人"和"当家人"的角色能否做到有效的平衡，很大程度上决定了国家和社会的利益关系能否有效地协调，实现共治。

表 6-1 为新中国成立以来的村治主体演变过程。

表 6-1　新中国成立以来的村治主体演变过程

历史时期	人民公社时期	税费改革之前	税费改革之后	现阶段汉镇的村级治理
治理结构	政经合一和政社合一的"社会国家化"治理结构	基层治理的去国家化，非正式治理	基层治理的国家化，正式治理	基层治理的国家社会化，非正式治理

续表

历史时期	人民公社时期	税费改革之前	税费改革之后	现阶段汉镇的村级治理
治理目标	对上完成资源抽取等政务，对下完成公共事业建设等村务	继续抽取资源以完成国家任务，实现乡村两级的利益目标和完成村庄公务	管理型政权向服务型政权转变，维持农村社会的稳定和向上争取资源进行新农村建设	维持农村社会的稳定和向上争取资源进行新农村建设
治理资源	制度化的组织网络建设，全面控制农村的经济、社会、政治、文化资源等	分户经营、财政体制改革使得基层组织丧失治理农村的权力资源，但仍通过抽取资源来完成目标	国家的直接治理极大限制了乡村组织的责任、权限和治理能力，外部项目资源成为主要的资源	自上而下的惠农资源及其乡村社会内部的社会资本
治理对象	组织起来的农村社会；农村社会较为均质，农民分化不大；有一定的宗族、家族、集体意识	单家独户的、分散的小农；农村人口外流，农民分化；经济精英、家族势力、灰黑势力等复苏；集体意识弱化	农村人口进一步外流；农民分化进一步加剧；经济精英等强人进一步增多；集体意识进一步瓦解，上访户、钉子户大量崛起	强人外流，阶层结构和权力结构扁平化，少数并不强硬的钉子户、上访户等
治理机制	权力的组织网络，国家通过组织建设吸纳社会	自治行政化：国家通过地方强人、精英等嵌入社会。自治行政化	制度主义下的直接治理模式：国家通过制度建设嵌入社会。项目消解自治	民主化治理，社会吸纳资源。资源重塑自治

续表

历史时期	人民公社时期	税费改革之前	税费改革之后	现阶段汉镇的村级治理
治理主体及其参政动机	贫下中农当干部，有一定的工分补贴，有较高的政治地位，有一定的集体责任感、荣誉感	家族势力较大、有一定灰黑背景的狠人当干部，他们当干部主要是为了在资源抽取的过程中从中谋利	富人等社会关系比较广、活动能力比较强的群体当干部，他们能够在资源跑动和做项目的过程中从中获利，并拓展自己的社会资本	中农当干部，村庄经济社会发展与自身利益相关，有一定的社会责任感和荣誉感

作为国家和社会中介的中农可以把国家提供的少量资源转化为村级治理的公共性资源，利用这少量的公共资源来重建乡土治理的动力机制和村落社会的自治能力。中农作为具有公利动机的乡村精英在利用国家公共性资源的过程中，可以激发村落社会的公共性和自我建设能力，并从传统的、革命建设的历史遗产中，挖掘和重塑村落社会文化的、组织性的治理资源，重塑乡土社会的治理能力。

但是，目前中农治村也面临一些挑战。一是政府鼓励资本下乡、大规模的土地流转，资本逐渐进入农业生产的上下游环节，甚至是生产环节，挤压了中农生存的空间和市场机会。二是在政府维稳的压力和对村民个体权利的强调上，村干部面临巨大的政策舆论压力，面对村民的不讲理行为，倾向于妥协、不作为，自身当干部的积极性也越来越低。三是基层行政体制改革，特别是干部的正规化建设，破坏了村民自治的群众基础和组织机制，村干部不再是群众的一员，而是官僚体系的一员，更主要的是对上负责。四是自上而下的项目分配机制、决策机制和配套机制，造成了资源的累积效应，越是经济发达地区的农村项目越多，越是资源匮乏的地方，资源反而越少，资源堆积在“典型村”“明星村”，而多数普通村则资源相对稀缺，村级治理的资源与动力严重不足。

因此，在政策导向上，国家不应该鼓励甚至支持资本下乡打败小农，而应该赋权给村干部一定的自治权利，防止维稳的过度化。同时在制度建设上，特别是财政支持力度上，应扩大对村级组织的转移支付，让村庄有一定的项目自主权和决定权，让村民在公共品建设和村级公共事务中有一定的物质资源。在理顺国家和社会在公共品供给中的角色和职能时，更多地发挥村级组织在解决公共品供给中的治理问题。在具体的项目设计和村级治理实践中，更多地表现为如何把财政支农资源变为村集体的治理资源。因此，国家在财政支农资金的拨付上，应改变所有的资金和项目都由国家来决定和安排的局面，在自上而下的权力资源配置中，赋予村落一定的治理资源和权力，以推动村落社会的民主自治能力。

四、创新与不足

本书的研究创新之处主要有四点。一是发现新的村治主体和村庄良性治理的可能性。现在有一种流行的观点认为，在城镇化背景下，农村人、财、物的流失必然导致村庄的失序和村治主体的缺失。本书研究发现，中西部农村地区虽然在衰落，但没有导致瘫痪和失序，仍有一股积极建设的力量，但他们的地位和作用并没有得到重视和挖掘。二是利用结构分析法，从经济社会属性上来重新认识中西部地区的中农群体，及他们与村庄社会的利益关联和社会关联，从而更好地理解其参政动机、治理机制，为选择合适的村治主体类型提供一定的政策建议。三是从中国农村的现实基础和现代国家治理能力上来认识村民自治继续存在的必要性，以及基层民主治理的潜在资源条件。四是从理论上探讨现有的国家与农民关系，国家、精英、社会三者在社会资本重塑、村民自组织方面的角色和作用，从而理解村治主体、社会资本再生产与国家政权建设之间的关系。从理论上回应在传统型社会资本不足、现代型社会资本尚未建立的过程中，国家、权威在社会资本激活和再生产中的作用，以及现有的社会资本对权威的能动力和动员能力产生的影响。

本书的研究不足之处主要有三点。第一，中农治村并不一定会带来良好的治理效果，其间的因果关系还要进一步思考。第二，在资源下乡的背景下，中农治村与村民自治激活的关系仍值得探讨。第三，本书已做了相关的理论提升，但还应进一步地提升及提炼，笔者将在以后的研究中继续深入探讨，以弥补当前研究的不足。

附录　主要人物一览表

序号	姓名	年龄/岁	职业	访谈对象简介	访谈时间(年/月/日)
1	RZ	40	乡镇干部	镇长	2015/07/06,2015/09/22
2	ZHB	43	县机关干部	县农工委主任、上届汉镇书记	2015/07/07,2015/08/23
3	YJM	44	县机关干部	县农工委、纪工委书记	2015/07/07,2015/08/23
4	SY	41	乡镇干部	乡镇党委书记	2015/07/08,2015/09/22
5	LP	38	乡镇干部	副镇长,负责农业	2015/07/09
6	TZZ	52	乡镇干部	乡镇副镇长,负责工业、工程建设	2015/07/11
7	DZR	41	乡镇干部	农技员、村主任	2015/07/12
8	HP	40	务农、茶馆、商铺	D村村书记	2015/07/14,2015/07/16,2015/09/16
9	XZR	46	务农、专职会计	P村村主任	2015/07/15
10	LML	32	种藕、卖藕	P村党员	2015/07/16
11	YSJ	40	务农、饭店、协警	Y村村书记	2015/07/18,2015/07/19
12	XL	36	村医、种植大户	Y村村主任	2015/07/19
13	LZX	53	乡镇干部	乡镇人大主席	2015/07/22
14	LDB	38	乡镇干部	南镇镇长(南镇为市里面的另外一个乡镇)	2015/07/23

续表

序号	姓名	年龄/岁	职业	访谈对象简介	访谈时间(年/月/日)
15	YYS	52	办公司	鱼水镇典型村书记，全县有名的书记	2015/07/24
16	LGC	46	务农、运沙车驾驶员	G村主任	2015/07/25
17	ZWC	52	务农	Y村会计	2015/08/01
18	XHQ	63	务农	Y村5组组长	2015/08/02
19	DLK	58	种地30～40亩，主要是粮食	Y村1组组长	2015/08/03
20	YZR	38	水果贩子、务农	H村6组普通村民	2015/08/09
21	YDM	54	务农、水果贩子、包小工程	H村13组小组长	2015/08/09
22	ZWC	40	务农、商店	E村村书记	2015/08/11
23	LSJ	42	务农、包工程、电工	C村村书记	2015/08/15
24	XDJ	50	务农、打工	C村村主任	2015/08/16
25	YJS	51	务农、包工程、茶馆	G村村书记	2015/08/17
26	XP	47	养猪(50头)、卖肉、务农	G村会计	2015/08/18
27	QZR	46	运输、务农	G村妇女主任	2015/08/18
28	—	60	务农	G村8组、9组、10组小组长，当过民兵连长、村出纳，女儿在街上开了个理发店	2015/08/19
29	HL	40	务农、管理人员	5组、10组、11组小组长，返乡农民工，还帮别人管理厂子	2015/08/20
30	YS	50	乡镇干部	乡镇统计站长	2015/08/21

续表

序号	姓名	年龄/岁	职业	访谈对象简介	访谈时间(年/月/日)
31	LGS	36	乡镇干部	党委副书记	2015/08/22
32	YLC	30	乡镇干部	乡镇农业办办事员	2015/09/02
33	XSF	63	务农、打小工	C村普通村民	2016/09/11
34	GTK	42	务农、养牛、灌煤气	D村主任	2015/09/15
35	YHB	62	务农、包小工程	D村4组小组长	2015/09/16
36	JHM	40	务农、生意(卖液化气)	D村15组小组长	2015/09/17
37	TDX	60多	务农(有10多亩地，主要是粮食)	D村16组组长	2015/09/18
38	TML	50	务农、养牛、贩牛	D村18组组长	2015/09/19
39	WTN	60	务农(有3亩地)	D村村民代表，老小组长	2015/09/20
40	CXK	51	种地、开运输车	D村2组组长	2015/09/24
41	HA	32	养羊、种地、对外技术指导	D村2组村民	2015/09/25
42	MT	44	养鱼、种地13亩	D村2组村民	2015/09/25
43	AJ	51	打工、种地	当过一届D村主任	2015/09/26
44	SUX	53	种地	D村2组村民，儿子智商有缺陷	2015/09/27
45	CME	47	打工、种地	D村5组村民	2015/09/29
46	WKL	60	种地4亩、学校看门	D村老干部(老村长)	2015/10/02

参 考 文 献

[1] 奥斯特罗姆. 公共事物的治理之道[M]. 余逊达,陈旭东,译. 上海:上海三联书店,2000.

[2] 吉登斯. 社会的构成:结构化理论大纲[M]. 李康,李猛,译. 北京:生活・读书・新知三联书店,1998:14-17.

[3] 布迪厄,华康德. 实践与反思:反思社会学导引[M]. 李猛,李康,译. 北京:中央编译出版社,1998:89.

[4] 曹锦清,张乐天,等. 当代浙北乡村的社会文化变迁[M]. 上海:上海远东出版,2001.

[5] 曹锦清. 历史视角下的新农村建设——重温宋以来的乡村组织重建[J]. 探索与争鸣,2006(10):6-9.

[6] 曾红萍. 去公共化的农村治理及其后果——以利益密集型村庄为例[J]. 学习与实践,2013(2):87-92.

[7] 蒂利,塔罗. 抗争政治[M]. 李义中,译. 南京:译林出版社,2010.

[8] 蒂利. 欧洲的抗争与民主(1650—2000)[M]. 陈周旺,等,译. 上海:格致出版社,2008:37.

[9] 常建华. 日本八十年代以来的明清地域社会研究述评[J]. 中国社会经济史研究,1998(2):72-83.

[10] 陈柏峰. 新农村建设要关注非物质性公共品供给[J]. 调研世界,2006(7):18-26.

[11] 陈柏峰. 两湖平原的乡村混混群体:结构与分层——以湖北G镇为例[J]. 青年研究,2010(1):1-9.

[12] 陈柏峰. 熟人社会:村庄秩序机制的理想型探究[J]. 社会,2011(1):223-240.

[13] 陈柏峰. 中国农村的市场化发展与中间阶层——赣南车头镇调查[J]. 开放时代,2012(3):31-46.

[14] 陈锋. 从抗争政治、底层政治到非抗争政治——农民上访研究视角的检视、反思与拓展[J]. 南京农业大学学报(社会科学版),2014(1):20-27.

[15] 陈锋. 机会主义政治——北镇的治理实践与分利秩序[D]. 武汉:华中科技大学,2013.

[16] 陈锋. 分利秩序与基层治理内卷化——资源输入背景下的乡村治理逻辑[J]. 社会,2015(3):95-120.

[17] 陈靖. 中国小农“多元经营的家庭生计”[J]. 南京农业大学学报(社会科学版),2013(6):7-9.

[18] 陈潭,刘祖华. 精英博弈、亚瘫痪状态与村庄公共治理[J]. 管理世界,2004(10):57-84.

[19] 瞭望智库. 农村并没有传说中那么凋敝[EB/OL]. (2016-03-14)[2018-05-20]. http://finance. sina. com. cn/zl/china/2016-03-14/zl-ifxqhmvc2407807. shtml.

[20] 陈银娥. 激励契约理论评述[J]. 经济学动态,2003(9):64-68.

[21] 仇立平. 社会阶层理论:马克思和韦伯[J]. 上海大学学报(社会科学版),1997,4(5):99-104.

[22] 党国印. 中国农村社会权威结构变化与农村稳定[J]. 中国农村观察,1997(5):1-9.

[23] 党国印. 中国乡村权势阶层崛起[J]. 中国国情国力,1998(5):11-16.

[24] 邓大才. 中国农村村民自治基本单元的选择:历史经验与理论建构[J]. 学习与探索,2016(4):47-59.

[25] 邓正来. 中国发展研究的检视:兼论中国市民社会研究[J]. 中国社会科学,1994(3):19-29.

[26] 邓正来. 市民社会理论的研究[M]. 北京:中国政法大学出版社,2002.

[27] 狄金华,钟涨宝.从主体到规则的转向——中国传统农村的基层治理研究[J].社会学研究,2014(5):73-97.

[28] 董江爱,崔培兵.村治中的政治博弈与利益整合——资源型农村选举纠纷的博弈分析[J].中国农村观察,2010(2):7-16.

[29] 杜赞奇.文化、权力与国家:1900—1942年的华北农村[M].王福明,译.江苏:江苏人民出版社,2003.

[30] 卡西尔.人论:人类文化哲学导引[M].甘阳,译.上海:上海译文出版社,2013.

[31] 范晓光,陈云松.中国城乡居民的阶层地位认同偏差[J].社会学研究,2015(4):143-168.

[32] 房正宏.村民自治的困境与现实路径[J].华中师范大学学报(人文社会科学版),2011,50(5):23-28.

[33] 费孝通.论绅士[A]//费孝通,吴晗.皇权与绅权.上海:上海书店,1991.

[34] 费孝通.乡土中国[M].北京:北京大学出版社,2012.

[35] 费孝通.乡土中国　生育制度[M].北京:北京大学出版社,1998.

[36] 费孝通.中国绅士[M].惠海鸣,译.北京:中国社会科学出版社,2006.

[37] 费正清.费正清论中国[M].台北:正中书局,1995.

[38] 冯云廷.两种城市化模式的对接与融合[J].中国软科学,2005(6):86-95.

[39] 高春芽.社会资本视域中的集体行动机制变迁[J].中共中央党校学报,2008(6):94-97.

[40] 高万芹,龙斧.村民自治与公共品供给的权利义务均衡机制——以Z县G乡L村为个案[J].南京农业大学学报(社会科学版),2016,16(5):38-45.

[41] 耿羽."输入式供给":当前农村公共物品的运作模式[J].经济与管理研究,2011a(12):39-47.

[42] 耿羽. 征迁政治[D]. 武汉：华中科技大学，2013.

[43] 耿羽. 低水平均衡的土地分利秩序——论土地开发与村庄政治[J]. 中国农业大学学报(社会科学版)，2014，31(3)：5-12.

[44] 耿羽. 灰黑势力与乡村治理内卷化[J]. 中国农业大学学报(社会科学版)，2011b(2)：71-77.

[45] 桂华，刘燕舞. 村庄政治分层：理解"富人治村"的视角——基于浙江甬村的政治社会学分析[J]. 中国研究，2009(4)：147-160.

[46] 桂华. 富人治村的困境与政治后果[J]. 文化纵横，2011(2)：77-81.

[47] 桂华. 圣凡一体：礼与生命价值[D]. 武汉：华中科技大学，2013.

[48] 桂华. 项目制与农村公共品供给体制分析——以农地整治为例[J]. 政治学研究，2014(4)：50-62.

[49] 桂华. "东部地区"村级治理的类型建构[J]. 中共杭州市委党校学报，2016(3)：54-60.

[50] 郭剑鸣. 浙江"富人治村"现象剖析——基于浙江金台温三市 7 个村的调查研究[J]. 理论与改革，2010(5)：145-148.

[51] 郭亮. 现象之间找关联、村庄内部提问题——一种可能的村庄研究进路[EB/OL]. (2009-08-21)[2018-05-20]. http://www.snzg.cn/article/2009/0821/article_15269.html.

[52] 郭于华. 转型社会学的新议程——孙立平"社会断裂三部曲"的社会学述评[J]. 社会学研究，2006(6)：195-211.

[53] 郭正林. 中国农村权力结构[M]. 北京：中国社会科学出版社，2005.

[54] 韩鹏云，刘祖云. 新中农阶层的兴起与农村基层党组织建设转型[J]. 理论与改革，2014(1)：59-63.

[55] 韩鹏云. 农村社区公共品供给的国家治理分析[J]. 中州学刊，2013(3)：71-75.

[56] 何增科. 公民社会与第三部门[M]. 北京：社会科学文献出版社，2000.

[57] 贺雪峰，阿古智子. 村干部的动力机制与角色类型——兼谈乡村治

理研究中的若干相关话题[J]. 学习与探索,2006(3):71-76.
[58] 贺雪峰,董磊明,陈柏峰. 乡村治理研究的现状与前瞻[J]. 学习与实践,2007(8):116-126.
[59] 贺雪峰,谭林丽. 内生性利益密集型农村地区的治理——以东南 H 镇调查为例[J]. 政治学研究,2015(3):67-79.
[60] 贺雪峰,魏华伟. 中国农民合作的正途和捷径[J]. 探索与争鸣,2010b(2):55-58.
[61] 贺雪峰. 农民公共品需求偏好的表达与供给[J]. 学习月刊,2008a(8):20-21.
[62] 贺雪峰. 论乡村治理内卷化——以河南省 K 镇调查为例[J]. 开放时代,2011b(2):86-101.
[63] 贺雪峰. 论富人治村——以浙江奉化调查为讨论基础[J]. 社会科学研究,2011c(2):111-119.
[64] 贺雪峰. 农民行动逻辑与乡村治理的区域差异[J]. 开放时代,2007(1):105-121.
[65] 贺雪峰. 什么农村,什么问题[M]. 北京:法律出版社,2008b:106-111.
[66] 贺雪峰. 试论二十世纪中国乡村治理的逻辑[C]//黄宗智. 中国乡村研究. 福建:福建教育出版社,2009(4):27-38.
[67] 贺雪峰,刘岳. 基层治理中的"不出事逻辑"[J]. 学术研究,2010a(6):32-37.
[68] 贺雪峰. 论利益密集型农村地区的治理——以河南周口市郊农村调研为讨论基础[J]. 政治学研究,2011a(6):47-56.
[69] 贺雪峰. 乡村的去政治化及其后果——关于取消农业税后国家与农民关系的一个初步讨论[J]. 哈尔滨工业大学学报(社会科学版),2012a,14(1):30-41.
[70] 贺雪峰. 当下中国亟待培育新中农[J]. 人民论坛,2012b(5):60-61.
[71] 贺雪峰. 关于"中国式小农经济"的几点认识[J]. 南京农业大学学报

（社会科学版），2013(6)：1-6.

[72] 贺雪峰.论中坚农民[J].南京农业大学学报（社会科学版），2015，15(4)：1-6.

[73] 胡进考.全面深化改革时期我国农村中等收入群体发展研究[D].北京：中共中央党校，2015.

[74] 胡庆钧.论绅权[M]//费孝通，吴晗.皇权与绅权.天津：天津人民出版社，1988：118-129.

[75] 胡序杭."先富能人治村"：农村基层党组织建设面临的新问题及其对策[J].中共杭州市委党校学报，2005(3)：54-58.

[76] 黄光国，胡先缙.人情与面子——中国人的权力游戏[J].领导文萃，2005(4)：38-39.

[77] 黄海.用新乡贤文化推动乡村治理现代化[N].人民日报，2015-09-30(007).

[78] 黄海.灰地：红镇"混混"研究(1981—2007)[M].北京：生活·读书·新知三联书店，2010.

[79] 黄俊尧.论村民代表会议与"先富群体治村"——民主制度建设与精英治理的平衡[J].浙江学刊，2009(2)：163-168.

[80] 黄锐.社会资本理论综述[J].首都经济贸易大学学报，2007(6)：84-91.

[81] 黄宗智，龚为纲，高原."项目制"的运作机制和后果是"合理化"吗？[J].开放时代，2014(5)：143-159.

[82] 黄宗智.集权的简约治理——中国以准官员和纠纷解决为主的半正式基层行政[J].开放时代，2008(2)：10-29.

[83] 黄宗智.中国的小资产阶级和中间阶层：悖论的社会形态[J].领导者，2008(6)：39-52.

[84] 黄宗智.中国研究的范式问题讨论[M].北京：社会科学文献出版社，2003.

[85] 黄宗智.制度化了的"半工半耕"过密型农业（上）[J].读书，2006

(2):30-37.

[86] 简小鹰,谢小芹."去政治化"与基层治理——基于我国西部农村"混混治村"的地方性表达[J].甘肃社会科学,2013(6):10-13,22.

[87] 蒋永甫.行政吸纳与村庄"政治"的塌陷——村民自治制度的运行困境与出路[J].湖北行政学院学报,2011(6):19-24.

[88] 金太军.村庄治理中三重权力互动的政治社会学分析[J].战略与管理,2002(2):105-114.

[89] 金太军.村庄权力结构研究综述[J].文史哲,2004(1):160-162.

[90] 景跃进.村民自治的空间拓展及其问题[J].教学与研究,2001(5):21-24.

[91] 景跃进.村民自治的意义阐释与理论化尝试[M]//香港中文大学大学服务中心,香港浸会大学政府与国际研究系.中国大陆第二届村级组织建设学术讨论会论文集,2001:16-18.

[92] 波普尔.猜想与反驳——科学知识的增长[M].上海:上海译文出版社,1986.

[93] 格尔茨.文化的解释[M].韩莉,译.南京:译林出版社,1999.

[94] 郎友兴,郎友根.从经济精英到村主任:中国村民选举与村级领导的继替[J].浙江社会科学,2003(1):114-119.

[95] 郎友兴.政治吸纳与先富群体的政治参与——基于浙江省的调查与思考[J].浙江社会科学,2009(7):108-115.

[96] 郎友兴.精英与民主:西方精英主义民主理论述评[J].浙江学刊,2003(6):71-78.

[97] 老田.毛泽东时代的资本与劳动(下)[EB/OL].(2013-02-19)[2018-05-20].http://www.guancha.cn/LaoTian/2013_02_19_127303.shtml.

[98] 李飞.客观分层与主观建构:城镇居民阶层认同的影响因素分析——对既往相关研究的梳理与验证[J].青年研究,2013(4):69-83.

[99] 李飞龙.社会人、经济人与政治人：合作化运动中的乡村政治精英[J].现代哲学，2013(6)：54-58.

[100] 李惠斌，杨雪冬.社会资本与社会发展[M].北京：社会科学文献出版社，2000.

[101] 李金.马克思的阶级理论与韦伯的社会分层理论[J].社会学研究，1993(2)：23-30.

[102] 李静.深描的文化及其阐释——格尔兹文化研究方法论评析[J].青海师范大学学报(哲学社会科学版)，2007(5)：81-85.

[103] 李猛.从"士绅"到"地方精英"[J].中国书评，1995(5)：93-107.

[104] 李霓.新农村建设亟待农村"中产阶层"崛起——城乡统筹中培养新型"农民"的政策法律思考[J].成都大学学报(社会科学版)，2011(5)：6-9.

[105] 李潇.新闻传播学方法论研究——论"民族志"方法论[J].大众文艺(理论)，2009(4)：79-80.

[106] 李元珍.典型治理：国家与社会的分离——基于领导联系点的分析[J].南京农业大学学报(社会科学版)，2015，15(3)：101-109.

[107] 李祖佩.村治主体的"老好人"化：原因分析与后果呈现[J].西北农林科技大学学报(社会科学版)，2013，13(3)：126-131.

[108] 李祖佩."新代理人"：项目进村中的村治主体研究[J].社会，2016，36(3)：167-191.

[109] 李祖佩."资源消解自治"——项目下乡背景下的村治困境及其逻辑[J].学习与实践，2012b(11)：82-87.

[110] 李祖佩.混混、乡村组织与基层治理内卷化——乡村混混的力量表达及后果[J].青年研究，2011(3)：55-67.

[111] 李祖佩.项目进村与乡村治理重构——一项基于村庄本位的考察[J].中国农村观察，2013(4)：2-13.

[112] 李祖佩.项目下乡、乡镇政府"自利"与基层治理困境——基于某国家级贫困县的涉农项目运作的实证分析[J].南京农业大学学报

(社会科学版),2014(5):18-25.

[113] 李祖佩.论农村项目化公共品供给的组织困境及其逻辑——基于某新农村建设示范村经验的实证分析[J].南京农业大学学报(社会科学版),2012a(3):8-16.

[114] 梁漱溟.中国文化要义[M].上海:上海人民出版社,2003.

[115] 梁漱溟.东西文化及其哲学[M].上海:上海人民出版社,2006.

[116] 廖洪乐.农户兼业及其对农地承包经营权流转的影响[J].管理世界,2012(5):62-70.

[117] 林辉煌.富人治村与基层民主:浙东个案考察[J].法律和社会科学,2012,9(2):63-88.

[118] 林南.社会资本:关于社会结构与行动的理论[M].上海:上海人民出版社,2005.

[119] 林万龙.中国农村社区公共产品供给制度变迁研究[M].北京:中国财政经济出版社,2003.

[120] 蔺雪春.当前农民组织发展面临的问题与对策[J].农业经济,2011(3):79-81.

[121] 刘安.协商共治:建构农村基层治理的制度性合作关系[J].南京师大学报(社会科学版),2011(2):58-64.

[122] 刘朝晖.村落社会研究与民族志方法[J].民族研究,2005(3):94-102.

[123] 刘海军,孙福胜.把农民培育成中等收入群体的路径分析[J].农业经济,2012(12):66-68.

[124] 刘庆乐.双重委托代理关系中的利益博弈——人民公社体制下生产队产权矛盾分析[J].中国农村观察,2006(5):26-33.

[125] 刘锐,余佳伲.中农经济:微观实践与理论意义——湖北京山J村调查[J].西北农林科技大学学报(社会科学版),2014(1):124-131.

[126] 刘锐.富人治村的逻辑与后果[J].华南农业大学学报(社会科学版),2015(4):90-98.

[127] 刘锐.农民阶层分化与乡村治理转型[J].中州学刊,2012(6):89-93.

[128] 刘锐.中农治村的发生机理[J].西南石油大学学报(社会科学版),2012,14(3):21-27.

[129] 刘欣.当前中国社会阶层分化的制度基础[J].社会学研究,2005(5):1-25.

[130] 刘燕舞,毛刚强.农村公共品研究的现状与前瞻[J].学习与实践,2010(8):106-112.

[131] 刘晔.治理结构现代化:中国乡村发展的政治要求[J].复旦学报(社会科学版),2001(6):56-61,79.

[132] 刘永东,刘明兴,徐志刚,等.中国农民组织发展:治理结构与组织功能——基于6省调查的分析[J].经济社会体制比较,2008(1):110-117.

[133] 刘祖华.农村"一事一议"的实践困局与制度重构[J].甘肃理论学刊,2007(5):98-101.

[134] 龙斧,高万芹.农村公共品供给中的民主治理机制[J].湖北社会科学,2016(11):33-40.

[135] 龙斧,王今朝.核心消费决定论——从市场与消费的结构性扭曲看中国内需不足的根本影响因素[J].河北经贸大学学报,2015,36(6):27-37.

[136] 卢福营,张兆曙.客观地位分层与主观地位认同[J].中国人口科学,2006(3):38-43.

[137] 卢福营.治理村庄:农村新兴经济精英的社会责任——以浙江省永康市的私营企业主治村为例[J].社会科学,2008(12):55-63.

[138] 卢福营.个私业主主政的村庄治理[D].武汉:华中师范大学,2006.

[139] 卢福营.中国特色的非农化与农村社会成员分化[J].天津社会科学,2007(5):56-61.

[140] 卢福营.经济能人治村:中国乡村政治的新模式[J].学术月刊,

2011(10):23-29.

[141] 陆学艺,张厚义.农民的分化、问题及其对策[J].农业经济问题,1990(1):18-23.

[142] 陆学艺.重新认识农民问题——十年来中国农民的变化[J].社会学研究,1989(6):1-14.

[143] 达尔.现代政治分析[M].王沪宁,陈峰,译.上海:上海译文出版社,1987.

[144] 帕特南.使民主运转起来[M].王列,赖海榕,译.南昌:江西人民出版社,2001.

[145] 罗家德,孙瑜,谢朝霞,等.自组织运作过程中的能人现象[J].中国社会科学,2013(10):86-101.

[146] 罗兴佐.阶层分化、社会压力与农民上访——基于浙江D镇的调查[J].思想战线,2015,41(4):32-37.

[147] 吕德文.治理钉子户——农村基层治理中的权力与技术[D].武汉:华中科技大学,2009.

[148] 吕德文.找回群众:重塑基层治理[M].北京:生活·读书·新知三联书店,2015.

[149] 马得勇,王正绪.社会资本、民主发展与政府治理——对69个国家的比较研究[J].开放时代,2009(5):70-83.

[150] 马晓河,方松海.我国农村公共品的供给现状、问题与对策[J].农业经济问题,2005(4):22-29.

[151] 曼.社会权力的来源[M].刘北成,等,译.上海:上海人民出版社,1999:68-70.

[152] 弗利德曼.中国宗族与社会:福建与广东[M].上海:上海人民出版社,2000.

[153] 倪志伟.市场转型理论:国家社会主义由再分配到市场[M]//边燕杰.市场转型与社会分层——美国社会学者分析中国.北京:生活·读书·新知三联书店,2002:183-216.

[154] 宁泽逵，柳海亮，王征兵，等. 村干部向何处去——关于村干部“公职化”的可行性分析[J]. 中国农村观察，2005(1)：58-65，71.

[155] 宁泽逵. 中国村干部激励机制研究[D]. 咸阳：西北农林科技大学，2005.

[156] 农业部课题组. 建设社会主义新农村若干问题研究[M]. 北京：中国农业出版社，2005.

[157] 欧三任，张文军. 农村灰黑势力及其对农村群体性事件的影响[J]. 湖南农业大学学报(社会科学版)，2010，11(6)：40-48.

[158] 欧阳静. 资源匮乏、目标多维条件下的乡镇政府运作[J]. 改革，2011(4)：136-143.

[159] 欧阳静. 村级组织的官僚化及其逻辑[J]. 南京农业大学学报(社会科学版)，2010，10(4)：15-20.

[160] 欧阳静. 策略主义——桔镇运作的逻辑[M]. 北京：中国政法大学出版社，2011.

[161] 欧阳静. “维控型”政权——多重结构中的乡镇政权特性[J]. 社会，2011，31(3)：42-67.

[162] 潘维. 治国的思想方法[EB/OL]. (2016-04-18)[2018-05-20]. http://www.guancha.cn/PanWei/2016_04_18_357329.shtml.

[163] 布迪厄. 实践感[M]. 蒋梓骅，译. 南京：译林出版社，2003.

[164] 钱杭，谢维扬. 传统与转型：江西泰和农村宗族形态——一项社会人类学的研究[M]. 上海：上海社会科学院出版社，1995.

[165] 强世功. 权力的组织网络与法律的治理化——马锡五审判方式与中国法律的新传统[J]. 北大法律评论，2000，3(2)：1-61.

[166] 米格代尔. 强社会与弱国家：第三世界的国家社会关系及国家能力[M]. 张长东，等，译. 江苏：江苏人民出版社，2009：185.

[167] 渠桂萍. 华北乡村民众视野中的社会分层及其变动(1901—1949)[M]. 北京：人民出版社，2010.

[168] 渠敬东，周飞舟，应星. 从总体支配到技术治理——基于中国 30 年

改革经验的社会学分析[J]. 中国社会科学,2009(6):104-127.

[169] 渠敬东. 项目制:一种新的国家治理体制[J]. 中国社会科学,2012(5):113-130.

[170] 荣敬本,崔之元,等. 从压力型体制向民主合作体制的转变:县乡两级政治体制改革[M]. 北京:中央编译出版社,1998.

[171] 沈延生. 村政的兴衰与重建[J]. 战略与管理,1998(6):1-34.

[172] 施坚雅. 中国农村的市场和社会结构[M]. 史建云,徐秀丽,译. 北京:中国社会科学出版社,1998.

[173] 孙立平,郭于华. "软硬兼施":正式权力非正式运作的过程分析[M]//清华社会学评论(第1辑). 厦门:鹭江出版社,2000.

[174] 孙立平,王汉生,王思斌,等. 改革以来中国社会结构的变迁[J]. 中国社会科学,1994(2):47-62.

[175] 孙立平. 实践社会学与市场转型过程分析[J]. 中国社会科学,2002(5):83-96.

[176] 孙立平. 社会转型:发展社会学的新议题[J]. 开放时代,2008(2):57-72.

[177] 孙新华. 土地流转与农户家计:两种流转模式的比较——基于江西省T村的实证调查[J]. 贵州社会科学,2012(4):77-83.

[178] 孙远东. 论乡村地痞对农村基层行政的影响[J]. 开放时代,1999(3):39-43.

[179] 谭同学. 乡村社会转型中的道德、权力与社会结构——迈向"核心家庭本位"的桥村[D]. 武汉:华中科技大学,2007.

[180] 陶勇. 农村公共产品供给与农民负担问题探索[J]. 财贸经济,2001(10):74-77.

[181] 田先红,高万芹. 发现边缘人——近年来华中村治研究的转向与拓展[J]. 华中科技大学学报(社会科学版),2013(5):124-132.

[182] 田先红. 从维权到谋利——农民上访行为逻辑变迁的一个解释框架[J]. 开放时代,2010(6):24-38.

[183] 田先红.中农阶层兴起与农村党建社会基础的变化[J].中共杭州市委党校学报,2013(4):10-16.

[184] 仝志辉,贺雪峰.村庄权力结构的三层分析——兼论选举后村级权力的合法性[J].中国社会科学,2002(1):158-167.

[185] 仝志辉.农民选举参与者的精英动员[J].社会学研究,2002(1):1-9.

[186] 布朗,木子西.社会资本理论综述[J].马克思主义与现实,2000(2):41-46.

[187] 汪波.政治学基本人性假设的再探讨——论"政治理性人"的基本逻辑[J].浙江社会科学,2007(6):52-58.

[188] 王德福,桂华.大规模农地流转的经济与社会后果分析——基于皖南林村的考察[J].华南农业大学学报(社会科学版),2011(2):13-22.

[189] 王国勤.先富参政与民主恳谈的治理逻辑——乡村治理的结构与绩效研究[J].甘肃行政学院学报,2009(5):4-13.

[190] 王海娟,贺雪峰.资源下乡与分利秩序的形成[J].学习与探索,2015(2):56-63.

[191] 王海娟.论富人治村的"私人治理"性质[J].地方治理研究,2016(1):74-80.

[192] 王汉生.改革以来中国农村的工业化与农村精英构成的变化[J].中国社会科学季刊(香港),1994.

[193] 王浩斌.马克思中产阶级理论的两种范式及其意义——以"阶级结构"和"阶级构成"范畴为中心[J].马克思主义研究,2014(12):59-67.

[194] 王沪宁.当代中国村落家族文化——对中国社会现代化的一项探索[M].上海:上海人民出版社,1991:91.

[195] 王会.乡村治理中的"不得罪"逻辑[J].华南农业大学学报(社会科学版),2011,10(3):46-50.

[196] 王建军.村委会选举中的富人贿选现象分析[J].中共山西省委党校学报,2009,32(3):63-65.

[197] 王开玉.中国中等收入者研究[M].北京:社会科学文献出版社,2006.

[198] 王立胜.农村税费改革背景下的乡村关系[J].社会主义研究,2006(3):86-89.

[199] 王立争."接班人"危机与农村基层治理的现代化[J].华南农业大学学报(社会科学版),2015(1):56-67.

[200] 王铭铭.村落视野中的文化与权力:闽台三村五论[M].北京:生活·读书·新知三联书店,1997.

[201] 王铭铭.走在乡土上——历史人类学札记[M].北京:中国人民大学出版社,2003.

[202] 王瑞芳.新中农的崛起:土改后农村社会结构的新变动[J].史学月刊,2003(7):109-118.

[203] 王绍光,胡鞍钢.中国国家能力报告[M].辽宁:辽宁出版社,1993.

[204] 王绍光.安邦之道:国家转型的目标与途径[M].北京:生活·读书·新知三联书店,2007.

[205] 王婷菲.社会资本理论综述[J].经济视角(下),2011(5):80-82.

[206] 王习明.村治研究的发展轨迹、学术贡献与动力机制——基于1998—2009年CSSCI检索论文的研究[J].甘肃行政学院学报,2011(5):79-90.

[207] 王先明."新乡贤"的历史传承与当代建构[N].光明日报,2014-08-20(001).

[208] 王跃生.中国农村家庭的核心化分析[J].中国人口科学,2007(5):36-48.

[209] 王振耀.中国村民委员会选举的基本进展与理论依据[M]//陈明通,郑永年.两岸基层选举与政治社会变迁.台北:月旦出版社,1998.

[210] 王振耀. 中国的村民自治与民主化发展道路[J]. 战略与管理，2000(2)：99-105.

[211] 王仲伟，胡伟. 国家能力体系的理论建构[J]. 国家行政学院学报，2014(1)：18-22.

[212] 魏程琳，徐嘉鸿，王会. 富人治村：探索中国基层政治的变迁逻辑[J]. 南京农业大学学报(社会科学版)，2014，14(3)：8-15.

[213] 魏建，赵钱龙. 中国乡村利益共同体的变迁及其影响——由均势到非均势[J]. 学习与探索，2008(2)：156-161.

[214] 温铁军. 百年中国，一波四折[J]. 读书，2001(3)：56-59.

[215] 吴理财. 村民自治与国家政权建设[J]. 学习与探索，2002(1)：24-29.

[216] 吴理财. 农村税费改革与“乡政”角色转换[J]. 经济社会体制比较，2001(5)：20-26.

[217] 吴理财. 治理转型中的乡镇政府——乡镇改革研究[D]. 武汉：华中师范大学，2006.

[218] 吴思红. 论村民自治与农村社会控制[J]. 中国农村观察，2000(6)：49-53.

[219] 吴思红. 村庄资源与贿选[J]. 湖北行政学院学报，2012(6)：35-41.

[220] 吴毅，贺雪峰，罗兴佐，等. 村治研究的路径与主体——兼答应星先生的批评[J]. 开放时代，2005(4)：82-96.

[221] 吴毅. 村治中的政治人——一个村庄村民公共参与和公共意识的分析[J]. 战略与管理，1998(1)：96-102.

[222] 吴毅.“双重角色”、“经纪模式”与“守夜人”和“撞钟者”——来自田野的学术札记[J]. 开放时代，2001(12)：114-117.

[223] 吴毅. 无政治村庄[J]. 浙江学刊，2002(1)：19-21.

[224] 吴毅. 小镇喧嚣：一个乡镇政治运作的演绎与阐释[M]. 北京：生活·读书·新知三联书店，2007.

[225] 吴毅著. 村治变迁中的权威与秩序——20 世纪川东双村的表达

[M]. 北京:中国社会科学出版社,2002.
[226] 吴玉英. 村民自治的主要问题及对策[J]. 前沿,2005(3):172-175.
[227] 吴重庆. 从熟人社会到"无主体熟人社会"[J]. 读书,2011(1):19-25.
[228] 斯考切波. 找回国家——当前研究的战略分析[M]//埃文斯,等. 找回国家. 方力维,等,译. 北京:生活·读书·新知三联书店,2009.
[229] 席富群. 新中国建立前后党的"团结中农"政策的历史演变及经验教训[J]. 中共党史研究,2006(4):33-37.
[230] 夏柱智. 论"半工半耕"的社会学意涵[J]. 人文杂志,2014(7):112-116.
[231] 项辉,周威锋. 农村经济精英与村民自治[J]. 社会,2001(12):8-11.
[232] 项继权. 20 世纪晚期中国乡村治理的改革与变迁[J]. 浙江师范大学学报,2005,30(5):1-7.
[233] 肖唐镖. 农村基层治理与民主实践中的宗族问题[J]. 中共宁波市委党校学报,2003(5):14-20.
[234] 徐嘉鸿. 农村土地流转中的中农现象——基于赣北 Z 村实地调查[J]. 贵州社会科学,2012(4):84-90.
[235] 徐先锋,胡小娱. 中国乡村"国家经纪"[J]. 法制与社会,2009(24):267-268.
[236] 徐晓军,张必春. 论返乡青年农民的灰恶化与集体行动风险[J]. 广东社会科学,2009(3):157-164.
[237] 徐晓军. 内核—外围:传统乡土社会关系结构的变动——以鄂东乡村艾滋病人社会关系重构为例[J]. 社会学研究,2009(1):64-95.
[238] 徐晓全. 当代中国乡村治理结构研究:现状与评析[J]. 领导科学,2014(3):4-7.
[239] 徐勇,赵德健. 找回自治:对村民自治有效实现形式的探索[J]. 华中师范大学学报(人文社会科学版),2014,53(4):1-8.

[240] 徐勇，周青年．“组为基础，三级联动”：村民自治运行的长效机制——广东省云浮市探索的背景与价值[J]．河北学刊，2011，31(5)：96-102．

[241] 徐勇．村民自治的成长：行政放权与社会发育——1990 年代后期以来中国村民自治发展进程的反思[J]．华中师范大学学报(人文社会科学版)，2005，44(2)：2-8．

[242] 徐勇．由能人到法治：中国农村基层治理模式转换——以若干个案为例兼析能人政治现象[J]．华中师范大学学报(哲学社会科学版)，1996(4)：1-8．

[243] 徐勇．村干部的双重角色：当家人与代理人[J]．二十一世纪(香港)，1997(8)：151-158．

[244] 徐勇．草根民主的崛起：价值与限度[J]．中国社会科学季刊(香港)，2000(2)．

[245] 徐勇．乡村治理与中国政治[M]．北京：中国社会科学出版社，2003．

[246] 许烺光．宗族・种姓・俱乐部[M]．薛刚，译．北京：华夏出版社，1990．

[247] 许远旺，陆继锋．现代国家建构与中国乡村治理主体变迁[J]．中国农村观察，2006(5)：45-50．

[248] 阎云翔．私人生活的变革：一个中国村庄里的爱情、家庭与亲密关系：1949—1999[M]．龚小夏，译．上海：上海书店出版社，2006．

[249] 颜德如．以新乡贤推进当代中国乡村治理[J]．理论探讨，2016(1)：17-21．

[250] 燕继荣．协同治理：社会管理创新之道——基于国家与社会关系的理论思考[J]．中国行政管理，2013(2)：58-61．

[251] 杨华．“中农”阶层：当前农村社会的中间阶层——“中国隐性农业革命”的社会学命题[J]．开放时代，2012(3)：73-89．

[252] 杨华．当前我国农村社会各阶层分析——探寻党和国家政权在农

村社会的阶层基础[J].战略与管理,2010(5/6).

[253] 杨华."政府兜底":当前农村社会冲突管理中的现象与逻辑[J].公共管理学报,2014(2):115-128.

[254] 杨华.中国农村的"半工半耕"结构[J].农业经济问题,2015(9):19-32.

[255] 杨善华,侯红蕊.血缘、姻缘、亲情与利益——现阶段中国农村社会中"差序格局"的"理性化"趋势[J].宁夏社会科学,1999(6):51-58.

[256] 杨正才,李国安.地方灰色势力对村民自治的负面影响及对策[J].山东省农业管理干部学院学报,2008,23(2):19-20,29.

[257] 叶敏,李宽.资源下乡、项目制与村庄间分化[J].甘肃行政学院学报,2014(2):14-21.

[258] 叶兴庆.论农村公共产品供给体制的改革[J].经济研究,1997(6):57-62.

[259] 尹利民,全文婷.项目进村、集体债务与新时期的农民负担——基于赣北D村的个案分析[J].东华理工大学学报(社会科学版),2014,33(1):53-57.

[260] 尹伊文.贤能政治与中国改革——基于西方精英主义理论的思考[J].文化纵横,2016(3):116-121.

[261] 印子.浙北农村社会阶层区隔化及对村庄治理的影响[J].西北农林科技大学学报(社会科学版),2015(2):97-106.

[262] 于建嵘.警惕黑恶势力对农村基层政权的侵入——对湘南40个"失控村"的调查[J].安徽决策咨询,2003(8):34-35.

[263] 于建嵘.农村黑恶势力和基层政权退化:湘南调查[J].战略与管理,2003(5):1-10.

[264] 于真.论机制与机制研究[J].社会学研究,1989(3):57-62.

[265] 余彪.村民自治基本单位再认识与村级治理体系重塑——从广西W县S村调查谈起[J].西南大学学报(社会科学版),2015,41(6):46-54.

[266] 俞可平. 治理和善治：一种新的政治分析框架[J]. 南京社会科学，2001(9)：40-44.

[267] 俞可平. 中国公民社会：概念、分类与制度环境[J]. 中国社会科学，2006(1)：109-122.

[268] 俞可平. 中国公民社会研究的若干问题[J]. 中共中央党校学报，2007，11(6)：14-22.

[269] 俞可平. 新移民运动、公民身份与制度变迁——对改革开放以来大规模农民工进城的一种政治学解释[J]. 经济社会体制比较，2010(1)：6-10.

[270] 俞可平. 重构社会秩序　走向官民共治[J]. 国家行政学院学报，2012(4)：4-5，127.

[271] 袁明宝. 征地拆迁、利益密集与基层治理中的精英替换逻辑——以鄂西Y村为例[J]. 西南石油大学学报(社会科学版)，2014，16(1)：30-35.

[272] 袁明宝."去自治化"：项目下乡背景下村民自治的理想表达与现实困境[J]. 江西行政学院学报，2015，17(3)：68-73.

[273] 袁松. 富人治村——浙中吴镇的权力实践(1996—2011)[D]. 武汉：华中科技大学，2012.

[274] 袁松."富人当选"：村委会选举中的贿选现象考察——以浙中吴镇为例[J]. 中国研究，2014(2)：55-78.

[275] 袁松. 农民分化与先富阶层的社会确认[J]. 人文杂志，2014(7)：108-112.

[276] 袁正民. 宗族势力对村民自治的影响[J]. 学习论坛，2000(6)：35-36.

[277] 翟学伟. 中国人际关系的特质——本土的概念及其模式[J]. 社会学研究，1993(4)：74-83.

[278] 翟学伟. 人情、面子与权力的再生产——情理社会中的社会交换方式[J]. 社会学研究，2004(5)：48-57.

[279] 科尔曼. 社会理论的基础(上)[M]. 邓方,译. 北京:社会科学文献出版社,1999.

[280] 张厚安,徐勇,项继权. 中国农村村级治理——22 个村的调查与比较[M]. 武汉:华中师范大学出版社,2000.

[281] 张厚安. 中国农村基层政权[M]. 成都:四川人民出版社,1992.

[282] 张建雷. 土地流转与农村中老年劳动力的就业变动[J]. 北京社会科学,2015(1):11-17.

[283] 张静. 基层政权:乡村制度诸问题[M]. 上海:上海人民出版社,2007.

[284] 张良."项目治国"的成效与限度——以国家公共文化服务体系示范区(项目)为分析对象[J]. 人文杂志,2013(1):114-121.

[285] 张世勇,杨华. 农民"闹大"与政府"兜底":当前农村社会冲突管理的逻辑构建[J]. 中国农村观察,2014(1):81-88.

[286] 张文宏. 社会资本:理论争辩与经验研究[J]. 社会学研究,2003(4):23-35.

[287] 张晓山. 简析中国乡村治理主体的改革[J]. 管理世界,2005(5):70-76.

[288] 张仲礼. 中国绅士:关于其在十九世纪中国社会中作用的研究[M]. 李荣昌,译. 上海:上海社会科学出版社,1991.

[289] 赵鼎新. 社会与政治运动讲义[M]. 北京:社会科学文献出版社,2006.

[290] 赵树凯. 农村治理:组织和冲突[J]. 河北学刊,2003,23(6):101-107.

[291] 赵晓峰,张红. 从"嵌入式控制"到"脱嵌化治理"——迈向"服务型政府"的乡镇政权运作逻辑[J]. 学习与实践,2012(11):73-81.

[292] 赵晓峰. 税费改革的四重逻辑——兼论税改前后国家政权合法性困境的生成演变逻辑[J]. 中共福建省委党校学报,2010(1):49-54.

[293] 赵晓峰. 公私定律:村庄视域中的国家政权建设[D]. 武汉:华中科

技大学，2011.

[294] 赵晓峰."行政消解自治"：理解税改前后乡村治理性危机的一个视角[J].长白学刊，2011(1)：73-78.

[295] 折晓叶，陈婴婴.项目制的分级运作机制和治理逻辑——对"项目进村"案例的社会学分析[J].中国社会科学，2011(4)：126-148.

[296] 郑巧，肖文涛.协同治理：服务型政府的治道逻辑[J].中国行政管理，2008(7)：48-53.

[297] 中共中央文献研究室.建国以来重要文献选编：第五册[M].北京：中央文献出版社，1993.

[298] 中央档案馆编.中共中央文件选集：第9册[M].北京：中共中央党校出版社，1991.

[299] 钟海.乡村治理改革与村民自治完善[J].农村经济，2009(7)：6-9.

[300] 衷海燕.士绅、乡绅与地方精英——关于精英群体研究的回顾[J].华南农业大学学报(社会科学版)，2005，4(2)：126-130.

[301] 周飞舟，赵阳.剖析农村公共财政：乡镇财政的困境和成因——对中西部地区乡镇财政的案例研究[J].中国农村观察，2003(4)：25-37.

[302] 周飞舟.从汲取型政权到"悬浮型"政权——税费改革对国家与农民关系之影响[J].社会学研究，2006(3)：1-38.

[303] 周飞舟.财政资金的专项化及其问题——兼论"项目治国"[J].社会，2012(1)：1-37.

[304] 周黎安.中国地方官员的晋升锦标赛模式研究[J].经济研究，2007(7)：36-50.

[305] 周前程.大众化的追求与精英化的倾向——马克思主义中国化研究中的意识形态问题[J].桂海论丛，2011，27(1)：27-31.

[306] 周荣德.中国社会的阶层与流动：一个社区中士绅身份的研究[M].上海：学林出版社，2000.

[307] 朱炳祥.村民自治与宗族关系研究[M].武汉：武汉大学出版

社，2007.

[308] 朱康对，黄卫堂，任晓.宗族文化与村民自治——浙江省苍南县钱库镇村级民主选举调查[J].中国农村观察，2000(4)：64-69.

[309] 朱晓阳."延伸个案"与一个农民社区的变迁[M]//张曙光，邓正来.中国社会科学评论(第2卷)，2004：27-54.

[310] 朱新山.村民自治发展的制度困境[J].开放时代，2000(1)：93-97.

[311] 邹谠.中国廿世纪政治与西方政治学[J].经济社会体制比较，1986(4)：19-23.

后　　记

本书是根据笔者读博期间的调研及相关研究成果撰写而成的，从写作结束到参加工作，已有一年多。重新拿起书稿进行修改，往日读博期间的情景又浮现心头，感慨良多。从读研开始，在我的生命里就出现了很多良师益友，他们的出现让我的学习和生活变得五彩斑斓起来，也是他们让我走上了颇具风景的学术之路，让我感受做学术的魅力和价值，在此十分感谢他们。

首先，感谢我的博士生导师龙斧教授。龙斧老师在我的眼中既像一位战士，又像一位严师，也像一位慈父。之所以说是战士，是因为龙老师深切的家国民族情怀和视学术为战场的“战斗”精神。学术争鸣是一场看不见硝烟的战争，它不仅仅是真理的争夺，也是政策实践的话语权之争，龙斧老师像一个背负使命的“战士”，尽自己的努力去为国“谏言”。龙斧老师超高的学术造诣、敏锐的学术思维让我受益匪浅。严师和慈父指的是龙斧老师对我学习、成长、生活以及如何做人做事上的指导和关怀。在学术上，龙斧老师在给我方向和指导之时，又给了我足够的成长空间，既让我了解到自己的不足，又让我能结合自己的兴趣成长。在本书写作期间，龙斧老师从语句的规范与通顺，文章结构的安排，到文献梳理等都一一指导，让我意识到问题在哪里，该如何改进，我在这个过程中学到的东西使我终身受益。在此，也要对武汉大学经管学院的王今朝老师、韩琦老师表示感谢，感谢他们对我学业和生活的帮助。

其次，感谢武汉大学社会学系的林曾教授、慈勤英教授、周长城教授、伍麟教授、罗教讲教授、桂胜教授、向德平教授在学业上给予的指导和启发。特别感谢黄锦琳老师在学生工作中给予的关怀和帮助，黄锦琳老师的细心和热情总能让学生感到春天般的温暖，同时感谢郭小龙老师、谭德奎老师、余园老师、傅瑞老师等人的帮助。感谢武汉大学的刘燕舞师兄、龚为纲师兄、桂晓伟师兄、徐嘉鸿师姐、郑涛师弟、梁晓青师妹等对我学习和生活上的帮助。还要感谢一起奋斗的同班同学蒋亚丽、兰剑、李芹、张敏敏、徐鹏、滕芸、李德雄、陈山、蒋叶莎、王晓莹、华平等,在一起的欢乐时光让我难以忘记,师友们让我看到博士攻读的多样性,也非常感谢师友们对我的帮助,让我在武汉大学多了很多丰富的体验。

特别感谢贺雪峰教授及中国乡村治理研究中心的师友们,在这里我度过了难忘的硕士攻读生涯。最初只是怀着一颗进取的心,误打误撞地进入了这个大家庭,没想到从此以后踏进了学术研究的天地,并在这片天地里获得前所未有的心灵自由和成长空间。感谢贺雪峰老师把我领进学术之门,让我体验到生命的厚重感和意义。在求学期间,贺雪峰老师的学术激情和敏锐感、对民族命运的强烈使命感和责任感都感染着学生理解自己的使命,贺雪峰老师的大仁大义和超脱时常让学生无限感佩。贺雪峰老师在学术道路上的督促和激励也指引着学生不断地砥砺前行,他在人生道路上的指点及在生活上的关怀,也让学生受益匪浅、温暖备至。毕业以后,贺雪峰老师对我个人学术成就的督促和殷殷期待也让学生保持着警醒和前进的动力,让学生没有在日常琐碎的生活中消磨意志,并坚持进步和对学术的初心。

中国乡村治理研究中心的师友们是我在求学道路上收获的又一宝贵财富。师父领进门,修行靠个人,但是师友们在修行道路上给我的关怀、鼓励和帮助,让我在学术的道路上不孤单,少了弯路、多了精彩,让我有了"破敌"的勇气和信心。特别是 2010 级一起并肩前行的"战友们"——刘锐、魏程琳、王海娟、田孟、张建雷、余彪、阳云云、管珊、杜园园、韩庆龄、史明萍、孙敏等同学,感谢他们在硕士攻读的三年时光里的陪伴和对我的支持,让我体会到了"生命被点亮"的喜悦。特别感谢在本书写作期间与我反复讨论的田孟、王海娟、魏程琳、王德福、桂华、袁松、陈靖、夏柱智、刘锐等师友,帮我一步步厘清文章的思路,进一步加深对问题的思考。感谢印子、刘成良、史明萍、韩庆龄、刘超、王向阳同学对我完善本书的帮助。

在此还要感谢华中科技大学的张小山老师，感谢老师的指引、关怀和无私帮助。还有其他诸位给我无私帮助的师友们：郭亮、吕德文、杨华、田先红、刘洋、韩鹏云、范成杰、周娟、袁松、宋丽娜、桂华、王德福、王会、李元珍、耿羽、贺海波、袁明宝、邢成举、李祖佩、夏柱智、谭林丽、孙新华、陈靖、吴秋菊、王丽惠、杜鹏、陈文琼、张雪霖、李永萍、郑晓园、仇叶、杜姣、班涛、吴海龙、雷望红、舒丽瑰、褚明浩等，感谢师友们对我调研工作的指导、启发，让我对问题的认知更加深化，感谢师友们在生活中的帮助。

感谢武汉科技大学文法学院及社会工作教研室的各位领导、老师和同事为本书所提供的支持和帮助，也要感谢他们的理解和支持，让我在任职第一年很快地适应新环境，顺利地开展工作和学习。

感谢汉镇的干部和农民朋友们在我调研期间给予的支持。同时感谢我所调研地方的人们和所踏过的大好河山，让我懂得了读万卷书，行万里路的意义，让我感受到自身的责任和学术研究的意义。感谢蔡山彤在调研期间给予的帮助，感谢各位师友对本书的指导和提供的建议，他们的宝贵意见对本书的修改和完善至关重要。

最后，要感谢我的家人。感谢朴实的爸妈，是他们把我举起来，让我去追逐外面的世界，在我求学的路上，他们的无私支持和体贴心疼是我不懈前行的动力。父母的恩情也让我倍加愧疚，厚情难报，当我开始学会跑的时候，就已经是背转他们的方向。感谢已经成家的两个弟弟，像哥哥般地照顾我、支持我，他们的宽厚、成熟、懂事，也让我放心父母的晚年生活。也许正是千千万万个这样默默支持我们求学的父母和兄弟姐妹，我们才从农村走出来，走向外面的世界。我们在这个时代里寻找自己的位置，可能经常忘记身后的父母、兄弟，但他们却以我们能够走出来而骄傲和自豪，幸好，我们的成就和幸福还能带给他们满足和欣慰。感谢公公和婆婆对我的理解和照顾，让我觉得十分幸运和温暖。感谢我的爱人李振兴，从本书开始写作到出版，你也由男朋友变为我的丈夫，你的陪伴常让我在工作中感到温暖和快乐，你的自律、睿智和广博，也让我婚后的生活多了一个良师益友，期望未来能够继续相互督促、共同进步。